रीतिकाव्य

[आलोचना]

रीतिकाव्य

नंदकिशोर नवल

राजकमल प्रकाशन

ISBN : 978-81-267-2569-4

मूल्य : ₹395

पहला संस्करण : 2013
दूसरा संस्करण : 2023

प्रकाशक : राजकमल प्रकाशन प्रा. लि.
1-बी, नेताजी सुभाष मार्ग, दरियागंज
नई दिल्ली-110 002

शाखाएँ : अशोक राजपथ, साइंस कॉलेज के सामने, पटना-800 006
पहली मंजिल, दरबारी बिल्डिंग, महात्मा गांधी मार्ग, प्रयागराज-211 001
1, अनमोल सोराबजी संतुक लेन, धोबी तलाव, मरीन लाइंस, मुम्बई-400 002

वेबसाइट : www.rajkamalprakashan.com
ई-मेल : info@rajkamalprakashan.com

मुद्रक : बी.के. ऑफसेट
नवीन शाहदरा, दिल्ली-110 032

RITIKAVYA
Criticism by Nandkishore Nawal

नई पीढ़ी में
रीतिकाव्य के विरल अध्येता
कवि राकेश रंजन और समीक्षक डा. योगेश को

भूमिका

इस पुस्तक की रचना किसी महत् उद्देश्य से नहीं की गई, यथा अपनी काव्य-परंपरा को जानने, उसके दाय को आत्मसात् करने या नई भाषा में कहें, तो उससे संवाद स्थापित करने के लिए । एम.ए. (षष्ठ वर्ष) में मैंने कुछ वर्षों तक भारतेंदु की 'प्रेममाधुरी' पढ़ाई थी । तत्पश्चात् करीब पच्चीस वर्षों तक मैं उसमें 'बिहारी सतसई' का अध्यापन करता रहा । इस बीच मैंने निष्ठा और श्रमपूर्वक बाबू जगन्नाथदास रत्नाकर का 'उद्धवशतक' पढ़ा । इन तीनों ही काव्यों ने मुझे अपने में रमा लिया और ब्रजभाषा-काव्य में मेरी रुचि उत्पन्न कर दी । इसके अलावा मेरे वरिष्ठ मित्र स्व. प्रो. नागेश्वर लाल ने एक बार मुझसे कहा था कि जो 'ब्रजभाषा-ओरिएंटेड' नहीं है, उसे मैं आज भी 'हिंदीवाला' नहीं मानता ।' हिंदी में आचार्य रामचंद्र शुक्ल के पहले अनेक ऐसे रीतिवादी आलोचक हुए हैं, जो हिंदी कविता का वास्तविक आरंभ रीतिकाल से मानते थे । वे सूर-तुलसी आदि की उपेक्षा नहीं करते थे, लेकिन उन्हें भक्त-कवियों की श्रेणी में रखकर वास्तविक कवि केशवदास और उनकी परंपरा में आनेवाले दूसरे कवियों को मानते थे । यह स्थिति बहुत कुछ संस्कृत वाली थी । उसमें वाल्मीकि और व्यास को आर्ष कवि बतलाकर संस्कृत काव्य की क्लासिकी परंपरा का आरंभ भास-कालिदास से मानते हैं । ये सभी बातें मेरे दिमाग में थीं, जो ब्रजभाषा-काव्य के प्रति मेरे अतिरिक्त आकर्षण का कारण बनीं । कुल मिलाकर प्रस्तुत पुस्तक मेरी व्यक्तिगत रुचि का फल है ।

हिंदी में रीतिकाव्य की अवहेलना वस्तुत: छायावाद से शुरू हुई । पंतजी ने 'पल्लव' की 'प्रवेश' शीर्षक भूमिका में संपूर्ण ब्रजभाषा-काव्य की

अत्यंत तिरस्कारपूर्ण आलोचना लिखी । निराला संपूर्ण रीतिकाव्य के विरोधी न थे, लेकिन एक लेख में बिहारी और रवींद्रनाथ का तुलनात्मक अध्ययन प्रस्तुत कर रीतिकाव्य के विरोध में और स्वच्छंदतावाद के पक्ष में उन्होंने अपना दृष्टिकोण स्पष्ट कर दिया । रीतिकाव्य का विरोध हिंदी में दो कारणों से किया गया । एक तो यह कि यह सामंतों की रुचि के अनुसार लिखा गया था और दूसरे यह कि यह घोर शृंगारिक है । जहाँ तक किसी अन्य व्यक्ति की रुचि से प्रेरित होकर काव्य-रचना करने की बात है, प्रश्न यह है कि क्या उससे श्रेष्ठ काव्य की रचना संभव है? शृंगारिक काव्य तो कालिदास से लेकर जयदेव तक ने रचा है । इधर हिंदी में विद्यापति से लेकर सूरदास तक ने । इनके काव्य का तो कोई विरोध नहीं करता, जबकि कालिदास और विद्यापति दरबार में रहनेवाले कवि भी थे । तात्पर्य यह कि सबके ऊपर कवि का अपना रचनात्मक व्यक्तित्व है, जो अपने बल से प्रतिकूल परिस्थितियों को भी अनुकूल बना लेता है । वैसे अपनी रुचि से मैंने रीतिकवियों के घोर शृंगारिक छंद छोड़ दिए हैं और उनके सौंदर्य एवं प्रेमप्रधान छंदों को ही विचारार्थ चुना है ।

अब तक रीतिकाव्य का जितना शास्त्रीय निरूपण हुआ है, उतना उसका सहृदयता से किया गया साक्षात्कार नहीं । मैंने इस पुस्तक में रीतिकवियों की कविता का, रीतिकाव्य के हेतुगत अध्ययन को कोई खास महत्त्व न देकर, वैसा ही साक्षात्कार करने की कोशिश की है । प्रत्येक युग में एक ही तरह की कविता नहीं लिखी जाती । रीतिकाल में भी कविता बदल गई और उसका मुख्य विषय शृंगार और प्रेम हो गया । हमें इसी दृष्टि से उसे देखना चाहिए, न कि नायक-नायिका-भेद और अलंकारों के चक्कर में पड़कर उसका मूल्यांकन सिर्फ अध्यापकीय दृष्टि से करना चाहिए । मतिराम, बिहारी, देव, पद्माकर, घनानंद, ठाकुर और बोधा निश्चय ही ये कुछ ऐसे रीतिकवि हैं, जिनके अनेक अनमोल छंद हिंदी कविता को समृद्ध करते हैं । मैं चाहूँगा कि पाठक भी उन्हें देखें और उनका आनंद लें । उक्त कवियों ने भी प्रायः अनेक छंदों में नग्न शृंगार का वर्णन किया है, पर अपनी रुचि से मैंने उन्हें छोड़ दिया है और चाहा है कि पाठक उनकी कविता के अपर पक्ष पर अपना ध्यान केंद्रित करें और उसका मूल्य समझें ।

आज से दस-बारह वर्ष पूर्व मैंने बिहारी पर एक लेख लिखा था, जो 'कसौटी' में प्रकाशित हुआ था । उसे देखकर श्रद्धेय डा. नामवर सिंह ने मुझे फोन पर निर्देश दिया था कि मैं कुछ और रीतिकवियों पर लिखूँ । मैंने विवशता प्रकट की थी कि दिक्कत यह है कि उनका भाष्य सुलभ नहीं है । अपने मुख्य

काम से निबटकर जब मैं अपना ध्यान रीतिकवियों पर ले गया, तो उनके जो भी पूरे-अधूरे भाष्य मिले, उन्हीं से काम चलाने का मन बनाया । स्व. चंद्रशेखर मिश्र ने 'घनानंद कवित्त' के दो खंडों का पांडित्यपूर्ण भाष्य लिखा है । इसी तरह शिवदत्त चतुर्वेदी की 'देव की दीपशिखा' में देव के एक सौ इक्कीस छंदों की टीका है । मैंने इन दोनों से काम की चीजें ले ली हैं, इसलिए मैं इन दोनों के प्रति आभारी हूँ । बाकी सहायता मैंने पं. विश्वनाथप्रसाद मिश्र द्वारा संपादित पद्माकर, घनानंद, ठाकुर और बोधा की ग्रंथावलियों से ली है, इसलिए उनका मैं हृदय से कृतज्ञ हूँ । इसके अलावा देवग्रंथावली (सं. लक्ष्मीधर मालवीय) से भी मैंने छंद चुने हैं, इसलिए उन्हें भी मैं भुला नहीं सकता । यही बात मतिराम की ग्रंथावली के भी संबंध में है, जिसके संपादक-द्वय हैं कृष्णबिहारी मिश्र और ब्रजकिशोर मिश्र । पोलैंड के युवा शोधकर्ता इमरै बंघा ने घनानंद की जो जीवनी प्रकाशित कराई है, उससे भी मैंने काम लिया है । तदर्थ वे भी मेरे लिए धन्यवाद के पात्र हैं ।

मेरी और पुस्तकों की तरह इस पुस्तक में भी मेरे मित्रों डा. तरुण कुमार और डा. योगेश का विशेष योगदान रहा है । अन्य विधि से भारत भारद्वाज, संजय शांडिल्य, राकेश रंजन और मनोज कुमार झा (हाजीपुर) ने भी मेरी सहायता की है । इन्हें भी मैं धन्यवाद देता हूँ । इस पुस्तक का 'डिक्टेशन' डा. पंडित विनय-कुमार, समीक्षक अरुण नारायण और संकटकाल में मेरी सहधर्मिणी रागिनी शर्मा ने लिया है । मैं इनका अनुगृहीत हूँ ।

बिहारीवाला लेख इस पुस्तक में यथावत् जा रहा है । बाकी लेख भी क्रम से नहीं लिखे गए हैं । दूसरे, उनमें मेरे लिखने का ढंग आलोचनात्मक न होकर आस्वादनपरक है, क्योंकि आजकल इसी तरह से लिखने में संतोष का अनुभव होता है । यदि पाठकों ने भी मेरे संतोष में साझा किया, तो मैं अपने को कृतकार्य समझूँगा ।

नंदकिशोर नवल

301, राजप्रिया अपार्टमेंट
बुद्धा कॉलोनी, पटना-800 001
29 जनवरी, 2013

अनुक्रम

कुंजभवन तजि भवन को, चलिए नंदकिसोर ।
फूलति कली गुलाब की, चटकाहट चहुँओर ।।

स्याम–सुरति करि राधिका, तकति तरनिजा तीर ।
अँसुवन करति तरौंस को, खनिक खरौहों नीर ।।

द्वैज सुधादीधित कला, वह लखि डीठि लगाय ।
मनो अकास–अगस्तिया, एकै कली लखाय ।।

बिहारी

सावन आगम हेरि सखी मनभावन आवन चोप बिसेखी ।
छाए कहूँ घनआनँद जान सम्हारि की ठौर लै भूलनि लेखी ।
बूँदैं लगैं सब अंग दगैं उलटी गति आवने पापनि पेखी ।
पौन सों जागति आगि सुनी ही पै पानी तें लागति आँखिन देखी ।।

घनानंद

अपने अपने निज गेहन मैं चढ़े दोऊ सनेह की नाँव पै री ।
अँगनान मैं भींजत प्रेम भरे समयो लखि मैं बलि जाँव पै री ।
कह ठाकुर दोउन की रुचि सों रँग द्वै उमड़े दोउ ठाँव पै री ।
सखि कारी घटा बरसै बरसाने पै गोरी घटा नँदगाँव पै री ।।

ठाकुर

मतिराम : सरलता का आकाश

मतिराम लक्षणग्रंथकार थे । इसका प्रमाण उनके दो लोकप्रिय ग्रंथ 'रसराज' और 'ललितललाम' हैं, जिनमें उन्होंने क्रमशः श्रृंगार रस और अर्थालंकारों का निरूपण किया है । 'ललितललाम' में भी अच्छे उदाहरण मिल जाते हैं, पर उनके यश का आधार 'रसराज' में दिए गए उदाहरण हैं । स्वभावतः इस लेख में उसके कुछ चुने हुए छंदों को ही आधार बनाया गया है । मतिराम ने परंपरा और प्रचलन के प्रभाव में लक्षणग्रंथ बनाए, लेकिन इस बात को लेकर सारे विद्वान् एकमत हैं कि वे मूलतः अत्यंत सहृदय कवि थे । रीतिकाव्य की कुछ अपनी रूढ़ियाँ थीं, जिनसे किसी भी कवि के लिए बच सकना संभव नहीं था, तथापि मतिराम ने उन्हीं के बीच अपनी विशिष्टता प्रमाणित कर दी । उनकी विशिष्टता है सरलता और स्वाभाविकता । जहाँ तक आलंकारिक झंकृति की बात है, सानुप्रास शब्द-योजना तो रीतिकाव्य की सामान्य विशेषता बन चुकी थी । इस दृष्टि से मतिराम में भी हमें अनुप्रास की रमणीयता मिलती है, लेकिन वह कवि-कौशल के प्रदर्शन के लिए नहीं आती, प्रायः उनकी कविता को उत्कर्ष प्रदान करने के लिए आती है । जहाँ तक झंकृति की बात है, हमें उनमें पद्माकर वाली बात नहीं मिलती, पर उनके छंदों में मधुर शब्द-संगीत की तरंगें जरूर उठती दिखती हैं । उनके एक-दो छंद तो इतने प्रचलित हुए हैं कि वे उनकी पहचान बन गए हैं, लेकिन उनमें और भी ढेर सारे छंद ऐसे हैं, जो काव्य-रसिकों को आनंद प्रदान करनेवाले हैं । हम उनके लोकप्रिय छंदों से ही आरंभ करें ।

सबसे पहले यह सवैया, जो सभी इतिहास-ग्रंथों में उद्धृत है,—

आचार्य शुक्ल को गुस्सा दिलानेवाला, लेकिन काव्य-रसिकों का मनोविनोद करनेवाला है । एक गोपिका कृष्ण से श्रृंगार कराकर आई है, लेकिन यह बात कहने पर वह भृकुटि चढ़ा लेती है । उसकी सखी उससे कहती है कि तुम कुंजगृह में उनके साथ विहार करके और उनसे श्रृंगार कराकर आई हो, यह बात छिप नहीं सकती । तुम्हारे पाँवों में उन्होंने ही महावर लगाया है और तुम्हारी आँखों में अंजन लगाकर उन्हें ऐसा बना दिया है कि देखकर हरिणी भी शरमा जाए । तुम्हारा भौंहें चढ़ाना बेकार है । अयि सखि, कृष्ण के हाथ की गूँथी हुई वेणी भला तुम्हारे प्रति उनके प्रेम को कभी छिपा सकती है ! अब यह दिलचस्प छंद देखिए—

आई हौ पायँ दिवाय महावर कुंजन तैं करिकै सुखसैनी ।
साँवरे आजु सँवारयो है अंजन नैनन को लखि लाजति ऐनी ।
बात के बूझत ही मतिराम कहा करिए यह भौंह तनैनी ।
मूँदि न राखत प्रीति भटू यह गूँदी गुपाल के हाथ की बैनी ।।

एक गोपिका ऐसी है, जो विवाहिता है, लेकिन जिसकी रुचि कृष्ण में है । स्वभावतः जब अपने मायके में उसे एक संदेशवाहक से यह पता चलता है कि उसका पति दूसरा विवाह करने की इच्छा रखता है, तो उससे उसे सुरक्षा का अनुभव होता है और उसके हृदय में उत्साह छा जाता है । वह चादर ओढ़कर सो जाती है, जैसे इस समाचार से बहुत आहत हुई हो । सच्चाई यह है कि वह दुःख के बहाने अपने सुख को छिपा रही है—

मोहन तें कछु द्योसन में मतिराम बढ़्यो अनुराग सुहायो ।
बैठी हुती तिय मायके में ससुरारि को काहू सँदेसो सुनायो ।
नाह के ब्याह की चाह सुनी हिय माँहि उछाह छबीली के छायो ।
पौढ़ि रही पट ओढ़ि अटा दुख को मिस कै सुख बाल छिपायो ।।

मतिराम लड़कियों की सारी लीलाओं से परिचित थे, वर्ना वे इस छंद की रचना न कर पाते ।

कभी-कभी वे बहुत सूक्ष्म भाव का वर्णन करते हैं । एक युवती कृष्ण के साथ, यमुना-तट पर उसके कुंज में, आनंददायक रति-क्रीड़ा कर चुकी है । उनके मथुरा चले जाने के बाद जब वह फिर यमुना-तट पर जाती है, तो उन वृक्षों और लताओं को देखकर उसकी आँखों से आँसुओं का प्रवाह जारी हो जाता है । उसे नहीं लगता कि कृष्ण बिछुड़ गए हैं । वह महसूस करती है कि अभी-अभी

वे कुंजों से निकलकर यहाँ आने ही वाले हैं ! स्थूल श्रृंगार-वर्णन करनेवाले कवि को इससे संतोष नहीं होता, लेकिन इस कवि में ऐसी बारीकियाँ आम हैं । छंद इस प्रकार है–

ह्वाँ मिलि मोहन सों मतिराम सुकेलि करी अति आनँदवारी ।
तेई लता द्रुम देखत दु:ख चलै अँसुवा अँखियान तें भारी ।
आवति हौं जमुनातट कों नहिं जानि परै बिछुरे गिरिधारी ।
जानति हौं सखि आवत चाहत कुंजन तें कढ़ि कुंजबिहारी ।।

अँधेरी रात में ही नहीं, चाँदनी रात क्या, दिन में भी अपने प्रिय से मिलने जाने का वर्णन रीतिकवियों ने खूब किया है । ऐसे जिस छंद में कोई अनूठी उक्ति आई है, वह प्रशंसनीय बन गया है । मतिराम के निम्नलिखित कबित्त में एक सुंदरी चाँदनी रात में अपने प्रिय से मिलने के लिए जाती है । उसने सफेद वस्त्र और आभूषण धारण कर रखे हैं, सो वह चाँदनी में बिलकुल छिप जाती है । उसके अपने मुखचंद्र की उजियाली ऐसी है कि वह उसकी छाया को भी छिपा लेती है । इस तरह वह निर्द्वंद्व होकर अपने प्रिय तक पहुँचती है । कबित्त है–

अंगन में चंदन चढ़ाय घनसार सेत
सारी छीरफेन की सी आभा उफनाति है ।
राजत रुचिर रुचि मोतिन के आभरन
कुसुमकलित केस सोभा सरसाति है ।
कबि मतिराम प्रानप्यारे सों मिलन जात
करिकै मनोरथनि मृदु मुसुकाति है ।
होति न लखाई निसिचंद की उज्यारी मुख-
चंद की उज्यारी तन छाँहौं छिपि जाति है ।।

'घनसार' शब्द का अर्थ है 'कर्पूर', जिसका वर्ण कहने की आवश्यकता नहीं कि शुभ्र होता है । युवती की साड़ी दुग्ध-फेन की तरह है, जिसकी आभा उफानें ले रही है । बालों का वर्ण काला होता है, लेकिन उसने उन्हें भी सफेद फूलों से सजाकर शुभ्र वर्ण प्रदान कर दिया है । ऊपर से प्रसन्नताभरी उसकी उज्ज्वल मुसकान । इस प्रकार मतिराम ने शुभ वर्ण में शुभ्र वर्ण को मिलाने के लिए कुछ भी उठा नहीं रखा है ।

अब एक ऐसी युवती का चित्र देखिए, जो साँझ से ही सजकर अपने

प्रिय से मिलने के लिए जाती है । उसकी बनक आनंददायक बेलि-जैसी है, उसकी किंकिणी ध्वनि कर रही है । उसकी चाल मंद है, जैसे गजेंद्र की । उसका अंचल केसरिया वर्ण का है और उसकी हँसी से सफेद फूल झड़ रहे हैं । बाल भी फूलों की शोभा से शोभायमान हैं । उन फूलों पर पीछे से काले भ्रमर-समूह टूट रहे हैं और उसके आगे-आगे उसके मुखचंद्र की उजियाली फैलती जाती है । यह छंद भी कबित्त ही है, जो इस प्रकार है,—

साँझि ही सिंगार साजि प्रान प्यारे पास जाति
बनिता बनिक बनी बेलि-सी अनंद की ।
कबि मतिराम कलकिंकनी की धुनि बाजै
मंद मंद चलनि बिराजति गयंद की ।
केसरि रँग्यो दुकूल हाँसी में झरति फूल
केसनि में छाई छबि फूलन के बृंद की ।
पीछे पीछे आवति अँधेरी-सी भँवरभीर
आगे आगे फैलति उजारी मुखचंद की ।।

एक नई नवेली-वधू है, जिसका पति परदेश जानेवाला है । उसकी सखी उसके पति से कहती है कि जिस दिन से तुमने अपने चलने की चर्चा चलाई है, उसी दिन से उसका शरीर पियराने लगा है । उसने आभूषण और वस्त्रों का ही परित्याग नहीं कर दिया है, पान खाना भी छोड़ दिया है । अपनी सहेलियों के साथ खेलना और हँसना भी भूल गई है । जब वसंत ऋतु का आगमन हुआ है, जिसमें सुगंध उड़ती है और उसके मन में प्रेम जगा है, तब तुम्हीं-जैसा पति बाहर जाने की बात सोच सकता है । वह न रात में सोती है, न दिन में और लगातार रोती रहती है । जब उसके दुःख का कारण पूछा जाता है, तब वह कहती है कि मायके की याद आ रही है ! पाठक अनुभव करेंगे कि यह बहाना नवविवाहिताओं के लिए कितना स्वाभाविक है—

जा दिन तें चलिबे की चरचा चलाई तुम
ता दिन तें वाके पियराई तन छाई है ।
कहै मतिराम छोड़े भूषण बसन पान
सखिन सों खेलनि हँसनि बिसराई है ।
आई ऋतु सुरभि सुहाई प्रीति वाके चित्त
ऐसे में चलो तो लाल रावरी बड़ाई है ।

सोवत न रैन दिन रोवत रहति बाल
बूझै तें कहति मायके की सुधि आई है ।।

एक दूसरी युवती है, जो कृष्ण के परदेश जाने के समाचार से बहुत उदास हो गई है । उसके भीतर ऐसी तड़फड़ी समा गई है कि वह अस्थिर हो उठी है । अभी धरती पर पाँव रखती है और अभी खाट पर । उसके प्रियतम, जो उसके नेत्र-कुमुदों के लिए चंद्रमा के समान हैं, एक घड़ी में अपने रास्ते से गुजरेंगे । वह रास्ता यमुना के घाट से होकर जाता है । वह सुंदरी अकेली और खाली गागर लिए उस घाट पर कृष्ण के दर्शनों के लिए खड़ी है । 'गागरि लै ठाढ़ी भई बाटहि के घाट में' इसकी स्वाभाविकता का सौंदर्य शब्दों में वर्णित नहीं किया जा सकता । अब पूरा कबित्त दखिए–

मोहन लला को सुन्यो चलनि बिदेस भयो
बाल मोहनी को चित निपट उचाट में ।
परी तलाबेली तन मन में छबीली राखे
छिति पर छिनकु, छिनकु पाँव खाट में ।
प्रीतम नयन-कुबलयन को चंद, घरी–
एक में, चलेगो मतिराम जिहि बाट में ।
नागरी नबेली रूप आगरी अकेली रीती
गागरी लै ठाढ़ी भई बाट ही के घाट में ।।

एक युवती का पति विदेश से आया है । स्वभावतः इससे उसके भीतर अदृश्य आनंद का संचार हुआ है । वह आँगन में लोगों के साथ बैठा हुआ है और बार-बार अपनी नजर घर के चारों ओर फिराता है । भवन के भीतर दरवाजे पर खड़ी सुकुमार युवती अपने भीतर आनंद से कंपित है और 'घूँघट को पट ओट दिए पट ओट किए पिय को मुख देखै' । इस सजीव चित्र पर तो कोई भी काव्य-रसिक लहालोट हो जाएगा । यह छंद सवैया है और इस प्रकार है–

आए बिदेस तें प्रानपिया मतिराम अनंद बढ़ाय अलेखै ।
लोगन सों मिलि आँगन बैठि घरी ही घरी सिगरो घर पेखै ।
भीतर भौन के द्वार खड़ी सुकुमारि तिया तनकंप बिसेखै ।
घूँघट को पट ओट दिए पट ओट किए पिय को मुख देखै ।।

मतिराम ने दो छंदों में युवतियों के स्वप्न का वर्णन किया है । पहले छंद में विरह के मारे एक युवती को नींद नहीं आ रही थी । बड़ी मुश्किल से वह आई, तो वह स्वप्न में अपने प्रियतम से मिली । उसके प्रियतम ने आकर उसे जगाया और अपनी सुधोपम वाणी सुनाई । वह युवती अपनी सखी को स्वप्न का वृत्तांत सुना रही है । कहती है कि इस तरह उसके हृदय को सुखानुभूति हुई और उसने अपने प्रिय से आँखें मिलाईं । यह मिलन पहली बार का नहीं, तीसरी बार का था, फिर भी उस पर प्रेम का गाढ़ा रंग चढ़ा, जैसे महीन वस्त्र को तीसरी बार रँगने पर भी वह चटकीला हो जाता है । दूसरे छंद में एक युवती कहती है कि मैंने स्वप्न में कृष्ण को आते देखा, तो संकोचवश रास्ते से थोड़ा हट गई । उन्होंने आगे बढ़कर और तिरछे होकर मेरा रास्ता रोक लिया और अपने लालच को छिपाकर मुझे देखने लगे । उन्होंने मेरे अधरों का रस लेने के लिए मेरे दोनों हाथ पकड़ लिए । आवेश के मारे मेरी ठुड्डी काँप रही थी । यह किस्सा भी वह अपनी सखी को ही सुना रही है । कहती है कि सखि, और कोई बात नहीं हुई । बस इतने में ही मेरी निगोड़ी नींद टूट गई : 'और भटू न भई कुछ बात गई इतने हीं में नींद निगोड़ी' । इस उक्ति की सहजता का भी क्या कहना ! दोनों छंद क्रमशः निम्नलिखित हैं—

1. *प्रानपियारो मिल्यो सपने में परी जब नैसुक नींद निहोरैं ।*
कंत को आगम त्यों ही जगाय कह्यो सखी बैन पियूष-निचोरैं ।
यों मतिराम बढ़्यो हिय में सुख बाल के बालम सों दृग जोरैं ।
जैसे मिहीं पट में चटकीलो चढ़ै रँग तीसरी बार के बोरैं ।।

2. *आवत मैं सपने हरि को लखि नैसुक बाट सकोचन छोड़ी ।*
आगे ह्वै आड़े भए मतिराम चली सु चीतैं चख लालच वोड़ी ।
ओठन को रस लेन को मोहन मेरो गहो कर काँपति ठोड़ी ।
और भटू न भई कछु बात गई इतने हीं में नींद निगोड़ी ।।

अब एक ऐसा छंद, जिसमें कृष्ण एक गोपिका से पूरे परिवेश का वर्णन करते हुए बहुत इशारे से उसे अपना आशय जताते हैं । विद्वान् घनानंद में लाक्षणिकता का उदाहरण ढूँढ़ते हैं । यहाँ ध्वनि का अनुपम उदाहरण देखिए । कृष्ण उस गोपिका से कहते हैं कि कोकिलों और कपोतों की सरस ध्वनि में, जहाँ दूसरी कोई बात नहीं सुन पड़ती है, जहाँ द्रुम और लताओं से लिपटे हुए भ्रमर-कुल

अँधेरे को प्रगाढ़ बना रहे हैं, जहाँ तारों की तरह पुष्प-समूह खिल रहे हैं, वहाँ तुम अकेली दही बेचने के लिए कैसे निकली हो ? यह प्रणय-प्रस्ताव ही है, लेकिन उसे शब्दों में नहीं प्रकट किया गया, केवल संकेत से जताया गया है । यह लाजवाब छंद अपनी अंतिम दो पंक्तियों में वक्ता के आशय और वाणी की विदग्धता के चरम बिंदु का स्पर्श करता है—

दूसरे की बात सुनि परत न ऐसी जहाँ
कोकिल कपोतन की धुनि सरसाति है ।
छाई रहे जहाँ द्रुम बेलिन सों मिलि
मतिराम अलिकुलन अँध्यारी अधिकाति है ।
नखत से फूलि रहै फूलन के पुंज घन
कुंजन में होति जहाँ दिन ही में राति है ।
ता बन की बाट कोऊ संग न सहेली साथ
कैसे तूँ अकेली दधि बेचन को जाति है ।।

दिनकरजी ने फूलों पर लिखी गई अपनी एक आरंभिक कविता में उन्हें 'अवनी के नक्षत्र' कहा है । मतिराम ने पहले ही 'नखत से फूलि रहै फूलन के पुंज घन' कहकर मुझे थोड़ा विस्मय में डाल दिया है । दिनकर की तुलना में यह उक्ति अधिक सटीक है, क्योंकि यहाँ फूलरूपी तारे रात का दृश्य उपस्थित करने के लिए आए हैं । एक छंद में एक युवती की सखी उसे मना करती है कि तुम जिस रूप में हो, वही बहुत मारक है । अब और शृंगार न करो । तुमने जो रोली का तिरछा टीका लगा रखा है, उस पर सब कुछ लुटाया जा सकता है । और अंगों में आभूषण धारण करने की कतई जरूरत नहीं है । तुम्हारे कटाक्ष जैसे तीक्ष्ण हैं, वैसे तीक्ष्ण शर काम के तूणीर में कहाँ हैं ? तुम्हारे इस सहज सौंदर्य पर मेरा मन रीझ उठा है । तुममें जो विस्मयजनक बात है, उसकी तरंग पर वह डोल रहा है । तुम्हारी सफेद साड़ी से ही तुम्हारी सभी सौतों का मुँह स्याह पड़ गया है । इस सफेद साड़ी की सिफत यह है कि उससे श्याम लाल रँग में रग गए हैं ! अंतिम पंक्तियों में विरोध का सौंदर्य देखना गलत है, असल चीज है वाग्वैदग्ध्य का सौंदर्य, जिसकी व्याख्या करके उसकी सुवास को मैं उड़ा देना नहीं चाहता । छंद है—

बारने सकल एक रोरी ही की आड़ पर
हा हा न पहिरि आभरन और अंग में ।

कबि मतिराम जैसे तीछन कटाछ तेरे
ऐसे कहाँ सर हैं अनंग के निखंग में ।
सहज सरूप सुघराई रीझो मन मेरो
डोलत है तेरी अद्‌भुत की तरंग में ।
सेत सारी ही सों सब सौतें रँगी स्याम रंग
सेत सारी ही सों रँगे स्याम लाल रंग में ।।

एक सवैए में मतिराम ने एक युवती के सौंदर्य का कल्पनामिश्रित विलक्षण वर्णन किया है । वह गजेंद्र-गति से चल रही है । उसकी कटि की किंकिणी और पाँवों के नूपुर बज रहे हैं, उसके गले पर जो मोतियों की माला है, वह कृष्ण के मन में विलास का उछाह जगा रही है । उसने जो साड़ी पहन रखी है, उसकी किनारी गोटेदार है, सो उसने सिर पर आँचल रखा है, तो ऐसा लगता है कि उसके मुखचंद्र से निकलनेवाली अमृत-किरणों के चारों ओर जैसे उनकी सुरक्षा के लिए एक घेरा डाल दिया गया है । अब आप छंद का मजा लें—

मंद गयंद की चाल चलै कटि किंकिन नेवर की धुनि बाजै ।
मोती के हारनि सों हियरो हरिजू के बिलास हुलासनि साजै ।
सारी सुही मतिराम लसै मुख संग किनारी की यों छबि छाजै ।
पूरन चंद पियूष मयूष मनौ परबेष की रेख बिराजै ।।

किनारीदार साड़ी का आँचल जब सिर पर होता है, तो किनारी सचमुच मुखचंद्र के इर्द-गिर्द घेरा डालकर उसकी पहरेदारी करती मालूम पड़ती है । निश्चय ही इस बात को मतिराम ने बहुत अच्छे ढंग से कहा है । राधा और कृष्ण के प्रथम मिलन का वर्णन सूरदास से लेकर भारतेंदु तक ने किया है । मतिराम राधा की जगह एक अन्य गोपिका की कहानी कहते हैं । उसके यहाँ एक निमंत्रण में कृष्ण आए हैं । उसके स्वाभाविक परिणामस्वरूप दोनों की आँखें लड़ गई हैं । लेकिन गोपिका या कृष्ण ही कर क्या सकते थे? गोपिका अपनी सखी के कंधे पर अपनी ठुड्डी टिकाए अपने महल की छत पर चली जाती है । वह बहुत दुःखी होकर देखती रहती है । इधर कृष्ण भी अपने घर को चल देते हैं, लेकिन गोपिका के अंग-प्रत्यंग अनंग की अग्नि से उन्हें दग्ध कर रहे हैं । वे अपने मन को कठोर करते हैं । एक-दो कदम चलते हैं, पर फिर खड़े जो जाते हैं । कहने की जरूरत नहीं कि यह प्रेम-विदग्ध प्रेमी-प्रेमिकाओं की वह मनोदशा है, जिसे मतिराम ने सहज ढंग से ही चित्रित कर दिया है—

न्योते गए कहुँ नेह बढ़्यो मतिराम दुहूँ के लगे दृग गाढ़े ।
ऊँचे अटा पर काँधे सहेली के ठोढ़ी दिए चितवै दुख बाढ़े ।
लाल चले सुनिकै गृह कों तिय अंग अनंग की आगि सों डाढ़े ।
मोहनजू मन गाढ़ो करैं पग द्वैक चलैं फिर होत हैं ठाढ़े ।।

अब इस लेख में उद्धृत किया जानेवाला अंतिम छंद सीधे राधा से संबंधित है । राधा कृष्ण के प्रेम में विकल है । यह खबर उसकी एक सखी कृष्ण को देती है । उनसे कहती है कि वह न किसी फूल को सूँघती है, न किसी प्रकार के राग-रंग में रुचि दिखलाती है । उसे खाने-पीने की भी सुधि नहीं रही । बस एकटक देखती रहती है । न पूछने पर कुछ कहती है और न दूसरों की कोई बात समझती है । कृष्ण, तुमने हलके-से परिहास में ही उसको ठग लिया है और बृषभानु की उस लाड़ली को बावली बना दिया है । जबसे उसने तुम्हारे मयूर-पंखोंवाले मुकुट को देखा है, पाषाणवत् हो गई है । यहाँ 'पखान' और 'पखान' में यमक अलंकार है, लेकिन यह 'कनक कनक तें सौगुनी मादकता अधिकाय' में प्रयुक्त यमक अलंकार से कितना भिन्न है ! तात्पर्य यह कि मतिराम जहाँ कविता लिख रहे थे और अलंकारों की परवाह किए बिना शब्दों की आत्मा में पैठ रहे थे, भले समान ध्वनिवाले दो शब्द दो अर्थों में प्रयुक्त हो जाएँ, वहाँ 'कनक कनक' वाला दोहा केवल अलंकार-विशेष के निरूपण के लिए रचा गया है । कहने की आवश्यकता नहीं कि कविता में अलंकार आएँ, तो वैसे जैसे मतिराम में आए हैं, वर्ना आचार्य तो कह ही गए हैं कि कभी-कभी काव्य अनलंकृत भी होता है । यह कहकर उन्होंने काव्य को कोई छूट नहीं दी है, बल्कि उसकी एक अनिवार्य विशेषता को रेखांकित किया है । उक्त अंतिम उद्धरणीय छंद है—

सूँघे न सुबास रहै राग रंग तैं उदास
भूलि गई सुरति सकल खान पान की ।
कवि मतिराम इकटक अनमिष नैन
बूझै न कहति बैन समुझै न आन की ।
थोरी सी हँसनि में ठगोरी तैने डारी स्याम
बौरी कीनी गोरी तैं किसोरी बृषभान की ।
तब तैं बिहारी वह भई है पखान की सी
जब मैं निहारी रुचि मोर के पखान की ।।

बिहारी सतसई : सौंदर्य और प्रेम का काव्य

बिहारी सतसई को शृंगार का काव्य माना जाता है, जबकि मूलतः वह सौंदर्य का काव्य है और उसमें प्रेम के भी उत्कृष्ट दोहे मिलते हैं । आचार्य रामचंद्र शुक्ल ने बिहारी को रीतिकाल के 'प्रतिनिधि' कवियों में रखा है और रीतिकाल रस की दृष्टि से उनके लिए शृंगार-काल था । उनका यह सुदृढ़ मत था कि "जो हृदय के अन्तस्तल पर मार्मिक प्रभाव चाहते हैं, किसी भाव की स्वच्छ निर्मल धारा में कुछ देर अपना मन मग्न रखना चाहते हैं, उनका संतोष बिहारी से नहीं हो सकता ।" अंत में उन्होंने यह दो-टूक फैसला दिया है : "भावों का बहुत उत्कृष्ट और उदात्त स्वरूप बिहारी में नहीं मिलता । कविता उनकी शृंगारी है, पर प्रेम की उच्च भूमि पर नहीं पहुँचती, नीचे ही रह जाती है ।" हिंदी में देव और बिहारी की श्रेष्ठता को लेकर लंबा विवाद चला है । आचार्य शुक्ल ने उसमें हिस्सा नहीं लिया था, लेकिन उनके इस कथन पर ध्यान देते हैं, तो उनका विचार अप्रकट नहीं रह जाता : "मार्मिक प्रभाव का विचार करें तो देव और पद्‌माकर के कवित्त-सवैयों का सा गूँजनेवाला प्रभाव बिहारी के दोहों का नहीं पड़ता ।" स्पष्ट है कि देव और बिहारी के विवाद में बिहारी की कविता का अपने ढंग से महत्त्व स्वीकार करते हुए भी वे देव के साथ थे । इस परंपरा को हिंदी के दूसरे रसवादी आलोचक डा. नगेन्द्र ने देव की कविता पर पूरा ग्रंथ प्रस्तुत करके आगे बढ़ाया ।

आचार्य हजारीप्रसाद द्विवेदी बिहारी को रीतिकाल का 'प्रतिनिधि' कवि न मानकर 'लोकप्रिय' कवि मानते हैं और साफ शब्दों में कहते हैं कि "बिहारी की सतसई किसी रीति-मनोवृत्ति की उपज नहीं है । यह एक विशाल परंपरा के लगभग अंतिम छोर पर पड़ती है और अपनी परंपरा को संभवतः

अंतिम बिन्दु तक ले जाती है ।" कौन थी वह परंपरा ? वह हाल की गाथासप्तशती, अमरुक के अमरुकशतक और गोवर्धन की आर्यासप्तशती की परंपरा थी । यह 'सेक्युलर' अथवा 'ऐहिक' मुक्तकों की परंपरा थी, जो ईसवी सन् के आरंभ से ही चली आ रही थी । बिहारी सतसई के कुछ भाष्यकारों ने उसके दोहों को रीति-दृष्टि से सजाकर प्रस्तुत किया है और उसके आधार पर यह सिद्ध करने का भरसक प्रयास किया है कि बिहारी रीतिबद्ध कवि थे । इस प्रसंग में आचार्य द्विवेदी का कहना है कि उस तरह तो गाथासप्तशती और आर्यासप्तशती के पद्यों में भी किसी न किसी नायक या नायिका का उदाहरण खोजा जा सकता है, बल्कि खोजा गया है । लेकिन इससे ये ग्रंथ रीतिग्रंथ नहीं हो जाते । बिहारी को भी रीतिग्रंथों की अच्छी जानकारी रही होगी, पर वे रीति-मनोवृत्ति के कवि नहीं थे ।

दिलचस्प है कि बिहारी को रीति-कवि न मानते हुए भी आचार्य द्विवेदी उन्हें आचार्य शुक्ल की तरह शृंगार का ही कवि मानते हैं और उनमें वह 'ताजगी' और 'दीप्ति' नहीं देखते, जो गाथासप्तशती में है । उनके अनुसार बिहारी में 'कृत्रिम और सहज अंग-चेष्टाओं' का वर्णन है और वे नायिका के 'अंत:स्थित प्रेम' का दर्शन नहीं करा सके हैं । जाहिर है, इस मुद्दे पर दोनों आचार्य एक हैं ।

मेरा आग्रह है कि बिहारी सतसई को सौंदर्य के काव्य के रूप में देखा जाए । अब तक उसके काव्य-सौंदर्य का निरूपण किया गया है, जबकि उसके साथ पूरा न्याय करने के लिए उसे सौंदर्य-काव्य के रूप में देखना जरूरी है । ऐसा नहीं है कि उसमें शृंगार नहीं है, शृंगार और सौंदर्य में संबंध भी बहुत प्रगाढ़ है, लेकिन उसकी रचना के पीछे स्थित मूल दृष्टि शृंगारात्मक या कामात्मक न होकर सौंदर्यात्मक है । निश्चय ही इसका एक बहुत बड़ा कारण उसका रीति-परंपरा का अंग न होकर भारत की उक्त ऐहिक काव्य-परंपरा का अंग होना है । विद्वानों ने बतलाया है कि यह काव्य-परंपरा रसाश्रित न होकर अलंकाराश्रित थी और यह सुपरिचित तथ्य है कि सौंदर्य और अलंकार प्राय: एक-दूसरे के पर्याय हैं । रीतिवाद के प्रवर्तक आचार्य वामन की उक्ति स्मरणीय है : 'सौंदर्यमलंकार: ।' ऐसी स्थिति में नाटक और प्रबंध-काव्य के लिए आविष्कृत रस की कसौटी का आचार्य शुक्ल द्वारा बिहारी सतसई-जैसे मुक्तक-काव्य के लिए कठोरता के साथ प्रयोग कहाँ तक उचित है, यह विचारणीय है । ऊपर डा. नगेन्द्र का जिक्र आया है । उन्होंने भी रस के कारण ही देव पर अधिक प्यार दिखलाया और उसी को कविता की अंतिम कसौटी मानने के कारण रीतिकाव्य से बहुत आगे बढ़कर नयी कविता की परीक्षा भी उसी पर करने का प्रयास किया ।

हाल की गाथासप्तशती की सबसे बड़ी विशेषता यह है कि उसका स्रोत शास्त्र न होकर लोक है—लोकभाषा, लोकसाहित्य, लोकजीवन और लोकसंस्कृति, भले स्वयं वह लोक-साहित्य न होकर शिष्ट-साहित्य ही हो । बिहारी सतसई में जो सौंदर्य और प्रेम है, वह हाल द्वारा प्रवर्तित परंपरा से संबद्धता के कारण । बिहारी को नागर संस्कारों का कवि माना जाता है, लेकिन उनकी सतसई में अनेक ऐसे दोहे हैं, जो उक्त परंपरा से उनकी संबद्धता का पता देते हैं । उदाहरण के लिए ये कुछ दोहे :

1. *कच समेटि कर, भुज उलटि, खए सीस पट डारि ।*
   काको मन बाँधै न यह जूरो बाँधनिहारि ।।

2. *नासा मोरि, नचाय दृग, करी कका की सौंह ।*
   काँटे सी कसकति हिए, वहै कटीली भौंह ।।

3. *कंजनयनि मंजन किए, बैठी ब्यौरति बार ।*
   कच अँगुरिन बिच डीठि दै, निरखति नंदकुमार ।।

4. *हौं ही बौरी बिरह बस, कै बौरो सब गाँव ।*
   कहा जानि ये कहत हैं, ससिहिं सीतकर नाँव ।।

5. *अहे दहेंड़ी जिनि धरै, जिनि तू लेहि उतारि ।*
   नीके है छींके छुए, ऐसी ही रहि नारि ।।

6. *बिहँसति सकुचति सी हिए, कुच आँचर बिच बाहिं ।*
   भीजे पट तट को चली, न्हाय सरोवर माहिं ।।

7. *मुँह धोवति एँड़ी घँसति, हँसति अनँगवति तीर ।*
   धँसति न इंदीवर नयनि, कालिंदी के नीर ।।

पहले दोहे में एक युवती हाथों से बालों को समेटकर, भुजाओं को उलटकर और सिर का वस्त्र पखुरे पर डालकर जूड़ा बाँध रही है । दूसरे दोहे में एक अन्य युवती नासिका मोड़कर और आँखें नचाकर काका की शपथ खाती है, जिसमें उसकी भौहें बहुत कटीली हो जाती हैं । तीसरे दोहे में एक गोपिका स्नानोपरांत बैठकर अपनी लटों को अलग-अलग कर रही है और उसी समय बालों और उँगलियों के बीच में दृष्टि डालकर कृष्ण को देखती है । चौथे दोहे की युवती को

विरह की तीव्रता में चंद्रमा दाहक प्रतीत होता है । वह कहती है कि मैं ही विरह में बावली हो रही हूँ, या पूरा गाँव ही बावला हो गया है, जो चंद्रमा को शीतल किरणोंवाला कहता है । पाँचवें दोहे में एक युवती छींके पर हाथ ले जाती है, जिसमें उसका अंग-विशेष दृष्टिगत हो जाता है । कवि उससे कहता है कि बस, तुम इसी मुद्रा में रहो, छींके पर दही का पात्र न तुम रखो और न उसे उतारो । छठे दोहे में सरोवर में स्नान करने के बाद एक युवती अपने उरोजों और आँचल के बीच अपनी बाँहें डालकर भींगे वस्त्रों में हँसती हुई और मन में कुछ सकुचाती हुई-सी किनारे की तरफ आती है । उरोजों और आँचल के बीच बाँहें वह भींगे वस्त्रों की पारदर्शिता के कारण अपने उरोजों को छिपाने के लिए डाले हुए है । अंतिम दोहे की युवती भी गोपिका है, जो यमुना के तट पर मुँह धोती है, एड़ी घिसती है और हँसती है, लेकिन कृष्ण को देखने के लोभ से पानी में नहीं पैठती । इन दोहों में अंकित सारे दृश्य गाँव से संबंधित हैं । स्वभावतः इनका प्रत्यक्षीकरण उन्हीं को हो सकता है, जो ग्राम-संस्कृति में पले-बढ़े हैं । ताज्जुब नहीं कि एम.ए. की कक्षाओं में जब मैं छात्रों को ये दोहे पढ़ाता था, तो शहर में पैदा हुए और पले-बढ़े छात्र इनमें अंकित दृश्यों को ठीक-ठीक समझ नहीं पाते थे और इनका सौंदर्य बतलाने वाले अध्यापक का मुँह ताकते रहते थे । पाँचवें दोहे में तो 'गाँव' का स्पष्ट उल्लेख है ।

सवाल यह है कि श्रृंगार-वर्णन और सौंदर्य-वर्णन में फर्क क्या है ? वह फर्क ऐंद्रियता को लेकर है । श्रृंगार-वर्णन जहाँ अनिवार्य रूप में ऐंद्रिय होता है, वहाँ सौंदर्य-वर्णन में सौंदर्य पर बल होता है । एक उदाहरण से बात स्पष्ट होगी । मतिराम और बिहारी ने प्रायः एक ही तरह का एक-एक दोहा लिखा है । मतिराम का दोहा है :

प्रभा तर्‌योना लाल की परी कपोलनि आनि ।
कहा छपावत चतुर तिय कन्त दन्त छत जानि ।।

बिहारी का दोहा इस प्रकार है :

बेसरि मोती दुति झलक, परी अधर पर आय ।
चूनो होय न चतुर तिय, क्यों पट पोंछो जाय ।।

मतिराम के दोहे में लाल तरौने की छाया नायिका के गालों पर गिर रही है, जिसे वह नायक द्वारा बनाये गये दंत-क्षत समझकर छिपाने का प्रयास करती है ।

बिहारी के दोहे में बेसर के मोती की छाया नायिका के होंठों पर गिरती है, जिसे वह ताम्बूल-सेवन के कारण उन पर लगा चूना समझकर कपड़े से बार-बार पोंछती है । स्पष्टतः मतिराम के दोहे में जहाँ ऐंद्रियता है, वहाँ बिहारी के दोहे में एक सौंदर्य-सृष्टि । यही सौंदर्य उनकी कविता का प्राण है, ऐंद्रियता नहीं, यद्यपि यह कोई न कहेगा कि उनकी कविता ऐंद्रियता से शून्य है । यहाँ यह भी स्पष्ट है कि कविता में सौंदर्य-सृष्टि का आधार क्या है ? पश्चिम के विद्वानों ने इस पर बहुत चिंतन किया है और अंत में वे इस नतीजे पर पहुँचे हैं कि कला मात्र अनुभव नहीं है, बल्कि उसमें कुछ जोड़ना है । वह कल्पना के द्वारा संभव होता है, जैसे होंठों पर पड़नेवाली बेसर के मोती की छाया को उन पर लगा चूना समझना । कल्पना एक 'सचेत आत्मप्रवंचन' अथवा विभ्रम की सृष्टि करती है, जिसका आस्वादन करते समय हम अपने विश्वास को स्थगित रखते हैं । यही कला और उसका सौंदर्य है । बिहारी अपने दोहों में इसी पर निर्भर हैं, स्वाभाविक या कृत्रिम आंगिक चेष्टाओं पर नहीं ।

बिहारी में सौंदर्य का इतना जोर है कि वे शृंगार-वर्णन में भी ऐंद्रियता को नहीं, उसी को महत्त्व देते हैं । हम उनके कुछ प्रसिद्ध दोहों को देखें :

1. *बरन बास सुकुमारता, सब बिधि रही समाय ।*
   पँखुरी लगी गुलाब की गाल, न जानी जाय ।।

2. *पाय महावर देन कों, नाइन बैठी आय ।*
   फिर फिरि जानि महावरी, एँड़ी मीड़त जाय ।।

3. *भई जु तन छबि बसन मिलि, बरनि सकै सु न बैन ।*
   अंग ओप आँगी दुरी, आँगी आँग दुरै न ।।

इन दोहों में रंग, गंध और मृदुता के कारण गुलाब की पंखुड़ी, जो नायिका के कपोल से चिपकी हुई है, अलग से दिखलाई नहीं पड़ती, उसके पाँव में महावर लगाने के लिए बैठी हुई नाइन ललाई के कारण उसकी एड़ी को ही महावर की गोली समझकर मसलने लगती है और उसके अंग-विशेष की कांति से अँगिया ही छिप जाती है, अँगिया अंग-विशेष को नहीं छिपा पाती । ये तीनों ही बातें असंभव हैं, लेकिन यह विभ्रम कवि ने अपनी कल्पना से उत्पन्न किया है, जिसे हम अपने विश्वास को स्थगित कर स्वीकार करते हैं । इन दोहों में इस विभ्रम से जो सौंदर्य उत्पन्न हुआ है, वही असली चीज है, वर्णन की ऐंद्रियता नहीं ।

आचार्यों ने शब्द को ही काव्य कहा है । बिहारी कभी-कभी सिर्फ शब्द-प्रयोग के द्वारा सौंदर्य की रचना करते हैं । उदाहरणार्थ निम्नलिखित दोहे में प्रयुक्त 'बेनी' शब्द को लिया जा सकता है :

ताहि देखि, मन ! तीरथनि विकटनि, जाय बलाय ।
जा मृगनैनी के सदा, बेनी परसत पाय ।।

कवि अपने मन से कहता है कि जिस सुंदरी की 'वेणी' उसके पैरों तक झूलती है, उसे देखने के बाद विकट तीर्थों की यात्रा करने की बला कौन मोल ले ? कहने की आवश्यकता नहीं कि यहाँ काव्य-सौंदर्य 'वेणी' शब्द के प्रयोग से उत्पन्न हुआ है, जो अपने भीतर 'त्रिवेणी' का अर्थ छिपाये हुए है । इस तरह बिहारी काव्य-रचना के लिए शब्द या भाषा पर निर्भर करते हैं, वर्ण्य विषय की ऐंद्रियता पर नहीं । वे भाषा के द्वारा ही मन में सौंदर्य का प्रकाश करते हैं, आँखों के सामने नायिका के शरीर या अंग-विशेष को उपस्थित करने को उतना महत्त्व नहीं देते । कविता में यह सौंदर्य-सृष्टि ही उनका मूल लक्ष्य है । पुनः कहें तो उनके लिए 'बेनी' शब्द जितना महत्त्वपूर्ण है, उतनी नायिका की वेणी नहीं । 'बेनी' शब्द महत्त्वपूर्ण न होता, तो 'चोटी' शब्द के प्रयोग से भी कविता का सौंदर्य बना रहता, वह नष्ट नहीं होता ।

बिहारी ने अपनी कविता में मनुष्य, वस्तु और प्रकृति तीनों का 'सौंदर्य' अंकित किया है । नायिका के सौंदर्य से संबंधित कुछ दोहे हैं :

1. *नेकु हँसौंही बानि तजि, लख्यौं परत मुख नीठि ।*
   चौंका चमकनि चौंध में, परत चौंधि सी डीठि ।।

2. *सघन कुंज, घन घनतिमिर, अधिक अँधेरी रात ।*
   तऊ न दुरिहै श्याम यह, दीपसिखा-जी जात ।।

3. *अंग अंग छवि की लपट, उपटति जाति अछेह ।*
   खरी पातरीऊ तऊ, लगै भरी-सी देह ।।

4. *उठि ठक ठक ऐतो कहा, पावस के अभिसार ।*
   जानि परैगी देखियो, दामिनि घन अँधियार ।।

5. *छप्यो छपाकर छिति छयो तम, ससिहरि न, सँभारि ।*
   हँसति हँसति चलि ससिमुखी, मुख ते घूँघट टारि ।।

इन दोहों में बिहारी ने नायिका की हँसी, देह-कांति और मुख-शोभा का वस्तुतः विलक्षण वर्णन किया है । पहले दोहे में कवि नायिका से कहता है कि तुम जरा हँसने की आदत छोड़ दो, क्योंकि तुम्हारी हँसी के कारण तुम्हारा मुख कठिनाई से दिखलाई पड़ता है । तुम्हारे आगे के जो चार दाँत हैं, उनकी चमक की चकाचौंध में देखनेवाले की दृष्टि जैसे चौंधिया जाती है । बाद के तीनों दोहे नायिका की देह-कांति से संबंधित हैं । उनमें से पहले दोहे में नायिका की सखी कृष्ण से कहती है कि कुंज सघन है, बादलों ने भी घना अँधेरा कर रखा है, जिससे रात भी और अँधेरी हो रही है, फिर भी इस नायिका को तुम अपने साथ ले चले, तो वह दीपशिखा के समान छिपेगी नहीं । दूसरे दोहे में नायिका की देह-कांति का वर्णन इस रूप में किया गया है : उसके अंग-अंग से सौंदर्य की लपट अत्यधिक मात्रा में फूट रही है, जिससे उसकी क्षीण काया भी भरी-भरी सी लगती है । तीसरा दोहा पहले दोहे का उलटा है, क्योंकि पहले दोहे में जहाँ बरसात की घनी अँधेरी रात में नायिका के नहीं छिपने का वर्णन है, वहाँ तीसरे दोहे में अजब ढंग से उसके छिप जाने का । इसमें नायिका से कहा जाता है कि वह वर्षाऋतु में किये जानेवाले अभिसार को लेकर तर्क-वितर्क में क्यों पड़ी है ? वह उठकर चल दे, क्योंकि वह देख भी ली गयी, तो ऐसी जान पड़ेगी, जैसे बादलों के अँधेरे में बिजली चमक रही है ! अंतिम दोहे में, जैसा कि ऊपर कहा गया है, नायिका की मुख-छवि का वर्णन है । चंद्रमा छिप गया है और पृथ्वी पर अंधकार छा गया है, जिससे नायक से मिलने जा रही नायिका डर रही है । इस पर उससे कहा जाता है कि वह डरे नहीं और अपने को सँभाले । वह चंद्रमुखी है, इसलिए सहर्ष अपने मुख से घूँघट हटाकर आगे बढ़े । घूँघट हटाने से उसकी मुख-प्रभा चाँदनी की तरह उसके पथ को आलोकित कर देगी । कहने की आवश्यकता नहीं कि इन दोहों के वर्णन में सौंदर्य है, ऐंद्रियता नहीं । इन्हें देखकर विक्टर ह्यूगो की यह बात सही लगती है कि कला जो धुँधलका है उसे प्रकाश में और जो प्रकाश है उसे ज्वाला में बदल देती है । अनुभव में कल्पना के योग के बिना यह संभव नहीं । हिंदी के आलोचकों ने बिहारी के प्रसंग में कल्पना का उल्लेख किया है, पर उनकी कविता में इसका मुख्य कार्य क्या है, यह नहीं बतलाया । यह है सौंदर्य-सृष्टि । उपर्युक्त दोहों में दाँतों की चमक से होनेवाली चकाचौंध, नायिका का दीपशिखा की तरह होना, उसके अंग-अंग से छवि की लपट का उभरना, बादलों के अँधेरे में उसकी दामिनी के समान प्रतीति तथा उसके मुख की चन्द्रप्रभा का छिटकना—यह सौंदर्य-सृष्टि कल्पना का ही काम है । जो कवि मनुष्य या

किसी भी दृश्य के सौंदर्य का यथावत् वर्णन करेगा, वह कलात्मक सौंदर्य की सृष्टि नहीं कर सकेगा, इसमें संदेह नहीं होना चाहिए ।

वस्तुओं के वर्णन में भी बिहारी ने अपना ध्यान सौंदर्य पर ही केंद्रित किया है । यहाँ हम उनके तीन दोहे लेंगे, जो क्रमशः कृष्ण की बाँसुरी, नायिका के कान के तरौने और उसके पाँव के बिछुए से संबंधित हैं । वे हैं :

1. *अधर धरत हरि के परत ओठ डीठि पट जोति ।*
   हरित बाँस की बाँसुरी इन्द्रधनुष सी होति ।।

2. *लसत सेत सारी ढक्यो, तरल तर्‌यौना कान ।*
   पर्‌यो मनो सुरसरि-सलिल, रबि-प्रतिबिम्ब बिहान ।।

3. *सोहत अँगुठा पाय के, अनवट जर्‌यौ जराय ।*
   जीत्यौ तरिवन-दुति, सु ढरि पर्‌यो तरनि मनु पाय ।।

पहला दोहा कृष्ण के होंठों पर धरी हरित बाँस की बाँसुरी पर है, जिस पर उनके होंठों, आँखों और पीतांबर की बहुरंगी छाया पड़ रही है । इससे वह इंद्रधनुष-जैसी हो रही है ! दूसरे दोहे में तरौना नामक कर्णाभूषण नायिका के सिर पर पड़े शुभ्र अंचल के भीतर हिल रहा है । उसे देखकर लगता है कि गंगा के शुभ्र जल में प्रातःकाल सूर्य का स्वर्णिम प्रतिबिंब दोलायमान है ! इसी तरह तीसरे दोहे में नायिका ने अपने पाँव के अँगूठे में जो जड़ाऊ बिछुआ पहन रखा है, उसे देखकर यह प्रतीति होती है कि तरौने की द्युति से पराजित होकर सूर्य ही उसके पाँवों में आ गिरा है ! बाँसुरी का इंद्रधनुष में, तरौने का प्रातःकालीन सूर्य में और फिर बिछुए का भी सूर्य में बदलना कल्पना का ही चमत्कार है । यही कारण है कि इन दोहों का आनंद कल्पना से ही लिया जा सकता है, मन की किसी अन्य वृत्ति से नहीं । जिन पाठकों के मन-मुकुर इतने स्वच्छ नहीं कि उनमें ये काल्पनिक बिंब उतर सकें, वे सिर्फ फटी आँखों से देखते रह जाएँगे । निश्चय ही ये दोहे मन में किसी रस का उद्रेक नहीं करते और करते भी होंगे तो वह रस परिपाक की अवस्था तक न पहुँचता होगा ।

हिंदी की पुरानी कविता के बारे में यह कहा गया है कि उसमें प्रकृति का स्वतंत्र रूप में वर्णन नहीं मिलता । इसी धारणा से बँधकर बिहारी के प्रकृति-वर्णन को कहीं भी साध्य न मानकर प्रायः साधन मान लिया गया है । भाष्यकारों ने कभी उसे उद्दीपन की कोटि में डाल दिया है, कभी अलंकार वगैरह के लिए उसका

उपयोग दिखलाया है । बिहारी में प्रकृति-वर्णन स्वतंत्र रूप में भी है और अलंकार वगैरह के रूप में भी । मेरी दृष्टि में जो असल चीज है वह कवि की प्रकृति-संवेदना । इस दृष्टि से बिहारी एक बेजोड़ कवि हैं । उन्होंने प्रकृति का वैसा वर्णन किया है, जैसा आजकल के कवियों ने, यथा अज्ञेय और मुक्तिबोध । उस वर्णन में नवीनता भी है, सूक्ष्मता भी और जटिलता भी ।

दूज के चाँद पर अज्ञेय की कविता है :

मेरे छोटे घर-कुटीर का दिया
तुम्हारे मन्दिर के विस्तृत आँगन में
सहमा-सा रख दिया गया ।

इसी पर बिहारी का यह अद्‌भुत दोहा है :

द्वैज सुधादीधित कला, वह लखि डीठि लगाय ।
मनो अकास-अगस्तिया, एकै कली लखाय ।।

'दीधिति' शब्द का अर्थ है किरण । इस तरह 'द्वैज सुधादीधित कला' का मतलब हुआ—दूज के चंद्रमा की कला । बिहारी उसे आँख भरकर देखने की सलाह देते हैं । फिर कहते हैं कि वह ऐसा लग रहा है, जैसे आकाशरूपी अगस्त के वृक्ष में अभी एक ही कली निकली है । अगस्त का फूल अर्धचंद्राकार होता है । उसका स्मरण करके बिहारी की प्रकृति-संवेदना की नवीनता का अंदाजा लगाया जा सकता है ।

मुक्तिबोध प्रकृति-कवि नहीं थे, लेकिन प्रकृति उनकी काव्य-संवेदना का अंग थी, जिससे उसके बिना वे कोई कविता नहीं लिख सकते थे । स्वभावतः प्रकृति उनमें सरल रूप में न आकर जटिल रूप में आती है, जैसे 'बस्ती के बच्चों की चाँदनी में खिलखिलाती कबड्डी की तस्वीर' और 'वाक्यों की पाँतों में आकाश-गंगा-सी फैली' ! प्रकृति का यह जटिल इस्तेमाल बिहारी में लक्ष्य है :

1. *सोहत ओढ़े पीतपट स्याम सलोने गात ।*
   मनो नीलमणि सैल पर आतप पर्‌यौ प्रभात ।।

2. *चमचमात चंचल नयन, बिच घूँघट पट झीन ।*
   मानहु सुरसरिता विमल जल, उछरत जुग मीन ।।

3. *छप्यो छबीलो मुख लसै, नीले आँचर चीर ।*
मनो कलानिधि झलमलै, कालिन्दी के नीर ।।

श्यामवर्ण कृष्ण पीतांबर ओढ़े ऐसे सुशोभित हो रहे हैं, जैसे नीलम के पर्वत पर सुबह की पीली धूप पड़ रही है ! इसी तरह नायिका के झीने घूँघट पट के भीतर उसकी चंचल आँखें चमक रही हैं, तो लगता है कि गंगा के स्वच्छ जल में दो मछलियाँ उछल रही हैं ! तीसरे दोहे में नीले आँचल में छिपा हुआ नायिका का गोरा मुख ऐसे सुंदर लग रहा है, जैसे यमुना के काले जल में चंद्रमा झलमल कर रहा है ! कहने के लिए तो इन दोहों में उत्प्रेक्षा अलंकार का प्रयोग हुआ है, जो एक सरल अलंकार है, पर इसके बाद भी मैं यदि इनमें प्रकृति का जटिल इस्तेमाल देख रहा हूँ, तो इस कारण कि इनमें कवि ने प्रकृति का सीधे वर्णन न करके उसे अपने वर्ण्य का अंग बनाकर उसका वर्णन किया है । जहाँ प्रकृति साधन होती है, वहाँ अलग से उसका विशेष महत्त्व नहीं होता, लेकिन यहाँ जितना महत्त्वपूर्ण साध्य है, उतना ही महत्त्वपूर्ण साधन भी । इस बात को प्रत्येक पाठक महसूस करता है, भले वह शास्त्र के प्रस्तुत-अप्रस्तुत वाले चक्कर में पड़कर उसकी स्पष्ट अवधारणा न कर सके । इस कारण इन दोहों में प्रकृति का जो आलंकारिक इस्तेमाल किया गया है, उससे हटकर मैं उसे स्वतंत्र रूप में देखने की प्रस्तावना करता हूँ, क्योंकि बिहारी की प्रकृति-संवेदना की तीव्रता को समझने के लिए वह आवश्यक है । यदि उक्त दोहों से पाठकों को परितोष न हो, तो उन्हें बिहारी का यह दोहा देखना चाहिए :

पत्रा ही तिथि पाइए, वा घर के चहुँ पास ।
नितप्रति पून्योई रहत, आनन ओप उजास ।।

नायिका के सुंदर मुख की प्रभा उसके घर के चारों ओर इस कदर छिटकती रहती है कि वहाँ रोज पूर्णिमा ही रहती है । ऐसी स्थिति में वहाँ असली तिथि का पता लगाने के लिए पत्रा देखना पड़ेगा । यहाँ भी प्रस्तुत-अप्रस्तुत का ही मामला है, लेकिन देखने की बात यह है कि बिहारी ने नायिका की मुखप्रभा की चतुर्दिक् कितनी तीव्र छटा छिटकाई है कि उससे स्थायी रूप से विराज रही पूर्णिमा का भ्रम होता है । इस भ्रम की रचना कवि ने अपनी जिस प्रकृति-संवेदना से की है, वह निस्संदेह असाधारण रूप से गहन और पारदर्शी है । विद्वानों ने सर्जनात्मक कल्पना की मंजिलों को समझे बगैर शास्त्र का सहारा लेकर इस विलक्षण दोहे

को ऊहात्मक कथन का उदाहरण मानकर निकृष्ट करार दे दिया है। जैसे वैयाकरणों को संस्कृत में 'नष्टमेधा' कहा गया है, क्या साहित्यशास्त्रज्ञ भी नष्टमेधा ही होते हैं ?

अपेक्षाकृत अधिक स्वतंत्र रूप में प्रकृति बिहारी के निम्नलिखित दोहों में आयी है, जिनका सौंदर्य अपूर्व है :

1. *कुंजभवन तजि भवन को, चलिए नंदकिसोर ।*
   फूलति कली गुलाब की, चटकाहट चहुँओर ।।

2. *बिरह-जरी लखि जीगननि, कही न वहि कै बार ।*
   अरी आव भजि भीतरैं, बरसत आजु अँगार ।।

3. *दिसि दिसि कुसुमिति देखियत, उपवन विपिन समाज ।*
   मनो बियोगिनि कौ किए, सरपंजर रतिराज ।।

4. *अन्त मरैंगे, चली जरैं, चढ़ि पलास की डार ।*
   फिरि न मरैं मिलिहैं अली, ये निरधूम अँगार ।।

5. *धुरवा होहिं न अलि इहै, धुआँ धरनि चहुँ कोद ।*
   जारत आवत जगत को, पावस प्रथम पयोद ।।

पहले दोहे में कृष्ण ने किसी गोपिका के साथ कुंजभवन में रात बिताई है । जब सवेरा होता है तो उन्हें जगाकर कहा जाता है कि अब भवन को प्रयाण कीजिए, क्योंकि गुलाब की कलियाँ फूलने लगी हैं और उनके चटखने का शोर चारों ओर होने लगा है । रीतिवादी आलोचक के लिए इस दोहे में जहाँ परकीया नायिका के साथ नायक का अपने घर से बाहर रात बिताना महत्त्वपूर्ण है, वहाँ कविता के पाठक के लिए 'चटकाहट चहुँ ओर'-जैसा मोहक वर्णन । बिहारी का यह दोहा इस प्रकृति-वर्णन के लिए याद किया जाना चाहिए, या नायक-नायिका-भेद के उदाहरण के लिए ? दूसरे दोहे में विरहदग्धा नायिका बरसात की रात में जुगनुओं को देखकर अपनी सखी से बार-बार कहती है कि अरी, भीतर भाग आ, आज वर्षा की बूँदों के बदले आकाश से अंगार बरस रहे हैं । इसमें भी विरहिनी की प्रलाप-दशा का वर्णन देखना कविता को मार देना है । असल चीज है जुगनुओं को आकाश से होनेवाली अंगारों की बरसात के रूप में देखना । कहने की आवश्यकता नहीं कि यह प्रकृति-दर्शन है । तीसरे दोहे में वसंतऋतु में चारों ओर

वनों और उपवनों में विविध प्रकार के फूल फूले हुए दीख पड़ते है। । ये फूल काम के बाण हैं । काम ने जैसे वियोगियों को योद्धाओं की तरह शरपंजर अर्थात् बाणों के पिंजरे में कैद कर रखा है ! यहाँ भी वियोगियों के दु:ख से अधिक वसंतऋतु में चारों ओर खिलनेवाले फूलों के सौंदर्य की उत्कटता ही लक्ष्य है । चौथे दोहे की असाधारण, बल्कि असहनीय प्रकृति-संवेदना को भी आचार्यों ने विरहिनी की प्रलाप-दशा से जोड़कर नष्ट करने का प्रयास किया है । कहाँ प्रलाप की निष्प्राण रूढ़िबद्धता और कहाँ ताजगी से भरा पलाश के फूलों का यह वर्णन : अंत में तो मरना ही है । चल, पलाश की डार पर चढ़कर जल मरें । सखि, ऐसे धूमरहित अंगारे फिर न मिलेंगे । क्या इस दोहे को पढ़कर मीर का यह बेजोड़ शेर याद नहीं आता है?—'गुलशन में आग लग रही थी रंगेगुल से मीर/ बुलबुल पुकारी देख के—साहेब, परे-परे ।' हम रीतिवाद (और लोकमंगलवाद भी क्यों नहीं?) के चक्कर में अपने महान् कवियों को भी ठीक से नहीं समझ पाते । अंतिम दोहे में कहा गया है कि ये धुरवा अर्थात् झड़ी की डोरें नहीं हैं, बल्कि पृथ्वी पर चारों ओर फैला हुआ धुआँ है । वर्षाऋतु के प्रथम दिनों के बादल संसार को आते ही जलाते हैं । निस्संदेह यह किसी विरहिनी की ही उक्ति है, लेकिन इसमें अंकित प्रकृति-चित्र से ध्यान हटाकर, जिसमें आरंभ की वर्षा चारों और धुआँ-धुआँ-सी दिखलाई पड़ती है, उस पर उसे केंद्रित करना क्यों जरूरी है ? क्या उससे बिहारी की काव्य-संवेदना ठीक से गृहीत हो पाती है, या हम उससे भटक जाते हैं ? इस प्रसंग में यह ज्ञातव्य है कि जरूरी नहीं कि प्रकृति की कविता अलग से उसकी घोषणा करके ही लिखी जाए । प्रकृति को कवि की काव्य-संवेदना का अंग होना चाहिए, जो बिहारी में दिखलाई पड़ता है, आधुनिक काल के कुछ यथार्थवादी कवियों की तरह ।

जहाँ तक प्रेम की बात है, मैं इस नतीजे पर पहुँचा हूँ कि रीतिकाव्य श्रृंगार का ही नहीं, प्रेम का भी काव्य है । रीतिकाव्य-संबंधी आलोचना में 'प्रेम' शब्द का प्रयोग श्रृंगार के अर्थ में भी हुआ है । मैं इस शब्द का प्रयोग इसके अपने अर्थ में ही कर रहा हूँ । यह जरूर है कि यह प्रेम अतींद्रिय नहीं, वह घनानंद का प्रेम ही क्यों न हो । प्रेम यदि मात्र भावात्मक हुआ, तो उसमें मानवीय ऊष्मा नहीं होगी । छायावादी कवियों के अशरीरी प्रेम का मखौल उड़ाते हुए नागार्जुन ने उचित ही कहा था :

फलित नहीं, पुष्पित मात्र होकर रह गया प्रेम हाय—
शरीरसम्पर्कहीन !!

व्यक्तित्व के बोझ से दब रही देह दीन
परम प्रिय है चाय, कभी कभी ओवल्टीन
सुनते हैं हम–आप, बजती है हृदयबीन
चारों ओर जल–ही–जल फिर भी पिपासित मीन
सेक्स, तेरा बुरा हो
काट लूँ गला गर हाथ में छुरा हो

यहाँ कॉडवेल को स्मरण किया जा सकता है, जिनका कहना है कि हम प्रेम अपने शरीर के माध्यम से करते हैं और सच्चे प्रेम की यह पहचान है कि प्रेमी–प्रेमिका एक साथ रहना चाहते हैं । रीतिकाल के कवियों का प्रेम ऐंद्रिय है, पर वह शृंगार से काफी ऊपर तक उठता है । प्रमाण घनानंद ही नहीं, बिहारी, देव और पद्माकर भी हैं ।

बिहारी की रुचि को नागर कहा गया है और वह नागरता भी सामंती है, इसलिए उनके प्रेम को भी सामंती कहा जाएगा । भावना का अपने परिवेश से अनिवार्य संबंध होता है, इसलिए सामंती संस्कारों से मुक्ति असंभव है, लेकिन यहाँ मैं दो बातें कहना चाहूँगा । एक तो यह कि सामंती समाज भी एक तरह का नहीं होता । उसके दरबारी स्तर और किसानी स्तर में बहुत भेद होता है । दूसरे, प्रेम अथवा किसी गहन मानवीय अनुभूति में यह क्षमता है कि वह अपने परिवेश का अतिक्रमण करके एक सामान्य और सार्वकालिक तथा सार्वभौम रूप प्राप्त कर ले । बिहारी के प्रेमसंबंधी दोहों में ये दोनों ही गुण दिखलाई पड़ते हैं । प्रमाण के लिए ये दोहे द्रष्टव्य हैं :

1. *उन हरकी हँसिकै इतै, इन सौंपी मुसकाय ।*
   नैन मिलत मन मिलि गये, दोऊ मिलवत गाय ।।

2. *लई सौंह सी सुनन की, तजि मुरली धुनि आन ।*
   किए रहति रति राति दिन, कानन लाए कान ।।

3. *चलत घैरु घर घर तऊ, घरी न घर ठहराय ।*
   समुझि वहै घर को चलै, भूलि वही घर जाय ।।

4. *गुड़ी उड़ी लखि लाल की, अँगना अँगना माँह ।*
   बौरी लौं दौरी फिरति, छुवति छबीली छाँह ।।

5. *नेकु न जानी परत यों, पर्‌यो बिरह तन छाम ।*
उठति दिया लौं नादि, हरि, लिए तिहारो नाम ।।

कृष्ण और राधा दोनों अपनी-अपनी गाएँ लेकर वृंदावन में चराने गये हैं । कृष्ण हँसकर राधा से कहते हैं कि मेरी गायों के झुंड में तुम अपनी गाएँ मत मिलाओ, लेकिन राधा मानती नहीं है और मुस्कुराकर उसमें अपनी गाएँ मिला देती है । बिहारी के अनुसार गायों के इस मिलाने में दोनों की आँखें मिलती हैं, तो दोनों के मन भी मिल जाते हैं ! यह कोरा रीतिवाद या शृंगारवाद नहीं है, यह प्रेम की विलक्षण कविता है, जो प्रेम की गहन अनुभूति रखनेवाले कवि के भीतर ही जन्म ले सकती है । इसी तरह प्रेम की तन्मयता का जितना ही स्वाभाविक, उतना ही अद्‌भुत वर्णन दूसरे दोहे में हुआ है, जिसमें एक गोपिका ने कसम खा ली है कि वह कृष्ण की मुरली-ध्वनि के अलावा कुछ और न सुनेगी । इस कारण वह रात-दिन वन की ओर ही अपने कान लगाये रहती है ! बाद के दो दोहों का महत्त्व भी उन्हें उन्माद का उदाहरण बतलाकर रीतिवादी आलोचकों ने कम करने का भरसक प्रयास किया है, जबकि वे दोहे प्रेम की ऐसी विकलता का प्रमाण प्रस्तुत करते हैं कि देखते ही बनता है । एक युवती एक युवक पर फिदा है, इसे लेकर घर-घर में गुप्तनिंदा चल रही है, फिर भी वह क्षण-भर के लिए भी अपने घर पर नहीं ठहरती । गुप्तनिंदा के भय से वह युवक के घर से अपने घर के लिए प्रस्थान करती है, पर भूलकर फिर वहीं पहुँच जाती है ! दूसरे दोहे में युवक पतंग उड़ा रहा है । उसकी पतंग की छाया युवती के आँगन में गिरती है । युवती बावली की तरह उस छाया को छूती हुई आँगन में दौड़ती फिर रही है, क्योंकि वह छाया अस्थिर है ! अंतिम दोहे में विरह की मारी एक गोपिका शरीर से इतनी क्षीण हो गयी है कि बिस्तर पर दिखलाई नहीं पड़ती । उसकी सखी कृष्ण से कहती है कि बस आपका नाम लेने पर वह बुझते हुए दीये की तरह भभक उठती है ! हाँ, प्रेम के ये दोहे बिहारी सतसई से लिए गये हैं, जिन्हें किसी ने रीति का, किसी ने शृंगार का और किसी ने धर्म का सहारा लेकर पाठकों तक पहुँचने से रोका है । मुझे अपने छात्र-जीवन में आचार्य शिवपूजन सहाय के मुँह से एक साहित्यिक सभा में चौथे दोहे की व्याख्या सुनने का अवसर मिला था । शिवपूजन बाबू की रसज्ञता प्रसिद्ध है, लेकिन उक्त दोहे की उन्होंने धार्मिक भाव से व्याख्या की थी, जिसमें 'लाल' भगवान् कृष्ण थे और 'अँगना' 'राधिकाजी' । रीतिकाल के कवियों ने राधा-कृष्ण को नायक-नायिका बना दिया था, धर्मप्राण आचार्य नायक-नायिका

को फिर राधा-कृष्ण बनाने के लिए प्रयत्नशील थे । निस्संदेह इससे रीतिकाव्य की अपनी ऐहिक भूमि छूट जाती है । 'ऐहिक' 'सेक्युलर' या 'धर्मनिरपेक्ष' है, यह लेख के शुरू में ही स्पष्ट किया जा चुका है ।

अंत में बिहारीरचित प्रेम के इस अपूर्व दोहे को भी देख लेना चाहिए, जिसमें राधिका साक्षात् उपस्थित हैं, लेकिन देवी या भक्तिन के रूप में नहीं, गहन प्रेम में पड़ी हुई एक सामान्य युवती के रूप में :

स्याम-सुरति करि राधिका, तकति तरनिजा तीर ।
अँसुवन करति तरौंस को, खनिक खरौहों नीर ।।

कृष्ण गोकुल से मथुरा जा चुके हैं । एक दिन जब राधा यमुना के तट पर पहुँचती है, तो वहाँ कृष्ण के साथ बिताये गये अपने दिनों को याद कर एकटक उसे देखने लगती है । तट के नीचे यमुना का जल बह रहा है । उसी अवस्था में उसकी आँखों से आँसू की कुछ बूँदें टपकती हैं, तो क्षण-भर के लिए वे उस जल को खारा बना देती हैं ! निश्चय ही यह प्रेम है, श्रृंगार नहीं । इसका मतलब दोनों के बीच के संबंध को नकारना नहीं, बल्कि सिर्फ इस तरफ संकेत करना है कि गुलाब मिट्टी से ही पैदा होता है, पर उसके बाद वह मिट्टी नहीं रह जाता, उसका अपना रूप और अपना गुण हो जाता है । गुलाब की दुनिया एक अलग दुनिया है, जिसके अपने नियम हैं । बिहारी के इन दोहों की दुनिया श्रृंगार की नहीं, प्रेम की दुनिया है । श्रृंगार से लेकर प्रेम तक की यात्रा मानव-सभ्यता के दीर्घ विकास का परिणाम है, वह केवल श्रृंगार का मुखौटा-परिवर्तन नहीं है । दासप्रथा पर आधारित ग्रीक समाज में केवल शुद्ध भावात्मक प्रेम (Platonic Love) का अस्तित्व था, सामंती काल में उसने रोमांटिक और साहसिक प्रेम का रूप लिया और आधुनिक जनतांत्रिक व्यवस्था में आवेगपूर्ण प्रेम का । बिहारी के प्रेम में साहसिकता नहीं, लेकिन रोमांटिकता की कमी नहीं है । आज के पतनशील आधुनिक समाज में प्रेम संकटग्रस्त है, क्योंकि यह मनुष्य और मनुष्य के बीच का संबंध है, और आज का समाज उससे अधिक महत्त्व मनुष्य और उपभोक्ता-वस्तुओं के संबंध को देने में लगा है । ऐसी स्थिति में बिहारी के प्रेम के महत्त्व को समझा जा सकता है ।

बिहारी सतसई एक क्लैसिकी है । टी.एस. इलियट ने क्लैसिकी की सबसे बड़ी विशेषता बतलाई है--परिपक्वता । सभ्यता की, भाषा की, साहित्य

की और रचनाकार मानस की परिपक्वता । यही चीज कृति-विशेष को सार्वभौमिकता प्रदान करती है । बिहारी सतसई निश्चय ही हिंदीभाषी जाति की सौंदर्य-भावना और उसकी भाषिक अभिव्यक्ति की परिपक्वता का प्रतिमान है ।

देव : समावेशी प्रेम

हिंदी आलोचना के आरंभिक दौर में रीतिवादी आलोचकों के बीच एक दिलचस्प विवाद छिड़ा था, जिसकी ओर पिछले लेख में भी संकेत किया गया है । वह विवाद यह था कि देव बड़े कवि हैं, या बिहारी ? आलोचक दो खेमों में बँटे थे और एक खेमे के आलोचक बिहारी के काव्य-गुणों को नजरअंदाज कर रहे थे, तो दूसरे खेमे के आलोचक देव के काव्य-गुणों को । यह विवाद इतना प्रभावशाली साबित हुआ कि हिंदी में तुलनात्मक आलोचना की एक प्रणाली ही चल पड़ी, जैसे 'तुलना' ही आलोचना का सर्वथा प्रामाणिक आधार हो । टी.एस. इलियट ने आलोचना के तीन औजार बतलाए हैं—तुलना, विरोध और व्याख्या । तुलना की उपयोगिता से इनकार नहीं किया जा सकता, क्योंकि इसके द्वारा हम दो कवियों या रचनाकारों के वैशिष्ट्य पर प्रकाश डालते हैं, न कि एक को ऊपर करके दूसरे को नीचा दिखलाते हैं । इसी तरह दो रचनाकारों के बीच का विरोध भी उनके वैशिष्ट्य का उद्घाटन करनेवाला होता है । इलियट ने व्याख्या के बारे में कहा है कि यह वह चीज है, जो रचना में नहीं होती और जिसे आलोचक अपनी जेब से निकालकर उसमें सही जगह पर फिट कर देता है । निर्णयात्मक आलोचना के विरोध में व्याख्यात्मक आलोचना का भी चलन हुआ था, लेकिन वह 'व्याख्या' इलियट वाली व्याख्या न होकर आलोचक की धर्म, दर्शन, समाज, इतिहास, राजनीति आदि से प्रेरित व्याख्या होती थी । कभी-कभी वह व्याख्या अतिशय सूक्ष्म होकर उस व्याख्या का भी रूप ग्रहण कर लेती थी, जिसे इलियट ने ही 'लेमन-स्क्वीज्ड' आलोचना कहा है । बहरहाल, इस लेख का उद्देश्य देव के वैशिष्ट्य को उजागर करना है, क्योंकि सभी श्रेष्ठ कवि एक-दूसरे से भिन्न होते हैं और इस भिन्नता का निरूपण ही आलोचना है ।

बिहारी के विपरीत देव अत्यंत स्पष्ट रूप में रीतिबद्ध कवि थे, इसे लेकर कोई विवाद नहीं है, क्योंकि उन्होंने अनेक लक्षण-ग्रंथ बनाए हैं । इसी तरह यह तथ्य भी सर्वस्वीकृत है कि उनका ध्यान जितना लक्ष्य पर रहता था, उतना लक्षणों पर नहीं । उनके सभी प्रामाणिक ग्रंथों में से कुछ सबसे सुंदर छंदों को चुनकर इस लेख में उनके काव्य-सौंदर्य के निरूपण का प्रयास किया जाएगा । निस्संदेह ज्यादा छंद उनके ग्रंथ 'सुखसागरतरंग' से लिए गए हैं । इन छंदों में देव ने ज्यादातर सवैया के कई भेदों का प्रयोग किया है, कभी-कभी कबित्त का भी । कवि-रूप में उनकी उत्कृष्टता के संबंध में किसी आलोचक को संदेह नहीं है । आचार्य रामचंद्र शुक्ल ने उनकी त्रुटियाँ गिनाई हैं, पर यह भी लिखा है कि "इनका सा अर्थ सौष्ठव और नवोन्मेष बिरले ही कवियों में मिलता है । रीतिकाल के कवियों में ये बड़े ही प्रगल्भ और प्रतिभा-संपन्न कवि थे ।" इसी तरह आचार्य हजारीप्रसाद द्विवेदी ने 'अर्थ-गांभीर्य' और 'सरस वाग्विन्यास' की दृष्टि से उन्हें कवि-रूप में बहुत ऊँचे स्थान का अधिकारी बतलाया है । हमारा खयाल है कि देव की कविता की सबसे बड़ी विशेषता कलात्मकता के साथ स्वाभाविकता की रक्षा है । इस दृष्टि से वे निर्विवाद रूप से मतिराम से बड़े कवि सिद्ध होते हैं । मतिराम में सरलता और प्रवाह है, लेकिन न देव-जैसी नई सूझ है, न अभिव्यक्ति की विदग्धता ।

अब हम उनके उन छंदों पर विचार करें, जो ऊपर कही गई हमारी इस बात की पुष्टि करते हैं कि उनमें एक ओर स्वाभाविकता है, तो दूसरी ओर ऊँचे दर्जे की कारीगरी । उनकी खूबी यह है कि ये दोनों उनमें अलग नहीं हैं, बल्कि एक-दूसरे से मिले हुए रूप में उनके छंदों को उत्कर्ष और सौंदर्य प्रदान करते हैं ।

सबसे पहले हम एक किशोरी का यह कथन देखें, जिसके मन में कृष्ण के प्रति प्रेमोदय हुआ है,—

खोरि लौं खेलन आवती यौ न तौ आलिनु के मत में परती क्यों ।
देव गुपालहिं देखती यौ न तौ या बिरहानल में बरती क्यों ।।
बापुरी मंजु रसाल की बाल सुभाल सी ह्वै उर में अरती क्यों ।
कोमल कूकि कैं क्वैलिया कूर करेजन की किरचैं करती क्यों ।।

यह किशोरी ब्रज की गलियों में खेलने आई अपनी सखियों के बहकावे में आकर कृष्ण के पास तक चली गई और प्रथम दर्शन में ही उनके अपरूप रूप पर आसक्त हो गई । अब उसे अफसोस हो रहा है कि न मैं उन्हें देखती, न उनके

प्रेमानल में इस तरह जलती । तीसरी पंक्ति से यह स्पष्ट है कि वसंत का रोमानी माहौल है । इसी से आम्र-मंजरी बरछी बनकर उसके हृदय को बेध रही है और क्रूर कोकिला मीठे से कूक कर भी उसके कलेजे को टुकड़े-टुकड़े कर रही है । कहने की आवश्यकता नहीं कि यह छंद बहुत सादा-सा है, बावजूद इसके कि इसमें ऊँचे दर्जे की कारीगरी भी है । जैसे तुलसीदास और निराला को हिंदी के वर्ण-संगीत और वर्ण-मैत्री का सर्वाधिक ज्ञान था, वैसे ही रीतिकालीन कवियों को अनुप्रास सिद्ध था । सिद्ध कवियों में उसकी योजना स्वयं हो जाती थी, ज़बकि छोटे कवि उसके लिए प्रयास करते थे । देव के इस छंद में छोटे-छोटे अनुप्रासों पर ध्यान न देकर आप अंतिम पंक्ति पर अपना ध्यान केंद्रित करें, जिसमें 'क' की बहार है । इस बहार ने पूरे छंद को बहार का एक झोंका बना दिया है । कोयल की कोमल कूक भी हृदय को अनेकधा विदीर्ण कर रही है ! यह है मधु का विष का काम करना, जो कि प्रेमजनित विह्वलता का प्रताप है । नीचे जो छंद उद्धृत किया जा रहा है, वह भी उक्त प्रसंग से ही ताल्लुक रखता है । इसकी चौथी पंक्ति काव्य-प्रेमियों के बीच प्रसिद्ध रही है और लोकोक्ति का रूप ले चुकी है । इसका सौंदर्य भी अकूत है, जो एक सरल, लेकिन एक नए बिंब से अभिव्यक्त होता है । छंद—

धार में धाइ धँसी निरधार ह्वै जाइ फँसीं उकसीं न उधेरी ।
री अँगराय गिरीं गहरी गहि फेरे फिरीं न घिरीं नहिं घेरी ।।
देव कछू अपनो बस ना रस लालच लाल चितै भईं चेरी ।
बेगि ही बूड़ि गईं पखियाँ अँखियाँ मधु की मखियाँ भईं मेरी ।।

यह किशोरी भी कृष्ण के प्रथम दर्शन की ही मारी हुई है । उसने उन्हें देख क्या लिया, जैसे निराधार एक धारा में जा गिरी और बहुत कोशिश करने पर भी उससे निकल नहीं सकी, यानी बहती चली गई । दूसरी पंक्ति में 'अँगराय' शब्द आया है जिसका अर्थ अँगड़ाई लेने से संबंधित है । अँगड़ाई लेने में भी कभी-कभी संतुलन बिगड़ जाता है, जिससे आदमी गिरने-गिरने को हो जाता है । वह कहती है कि रस-लोभ में मैंने कृष्ण को देखा और उनकी दासी हो गई । अब मेरे वश में कुछ नहीं । मेरी आँखें उस मधुमक्खी की तरह हो रही हैं, जिसके पंख मधु में लिपट गए हैं और इस कारण जो उड़ने में असमर्थ हो गई है । कहने की आवश्यकता नहीं कि चौथी पंक्ति में अनुप्रास का निश्चित योगदान है, लेकिन कहीं से यह सयत्न नहीं है । एक और किशोरी की स्थिति देखने लायक है । मैं

पहले ही निवेदन कर दूँ कि इसमें उसके शरीर के सभी तत्त्व, यथा—क्षिति, जल, पावक, गनन और समीर एक-एक कर उसका साथ छोड़ देते हैं, जिससे वह निष्प्राणप्राय हो जाती है । विद्वानों ने इस उक्ति के लिए देव को बहुत दाद दी है, लेकिन मुझे कविता को इस यांत्रिक विधि से समझना कतई पसंद नहीं है । इस कारण इस उक्ति को भी सहृदयता के साथ ही ग्रहण करना चाहिए । स्वभावतः मुझे इस छंद की अंतिम पंक्ति पसंद है— 'जा दिन तें मुख फेरि हरे हँसि हेरि हियौ जु लियौ हरि जू हरि' । यह किशोरी की स्वोक्ति है । इसमें 'ह' वर्ण की अनेकशः आवृत्ति है, लेकिन असल चीज है 'हरि जू हरि' में 'हरि' शब्द के दो अर्थ—'कृष्ण' और 'हर लिया', लेकिन मैं यमक का नाम लेकर रसिकों का रसभंग करना नहीं चाहता, क्योंकि उन्हें सौंदर्य के आस्वादन तक ही रहना चाहिए, उसकी चीर-फाड़ आस्वादन-विरोधी है । पर इतना बतला देने में मैं कोई हर्ज नहीं समझता कि ब्रजभाषा में 'हरे' शब्द का अर्थ भी है 'हरि' । छंद है—

साँसन ही सों समीर गयौ अरु आँसुन ही सब नीर गयो ढरि ।
तेज गयौ गुन लै अपनौ अरु भूमि गई तनु की तनुता करि ।।
जीव रह्यौ मिलबेई की आस कि आस हू पास अकास रह्यौ भरि ।
जा दिन तें मुख फेरि हरे हँसि हेरि हियौ जु लियौ हरि जू हरि ।।

चौथे छंद में भी एक किशोरी कृष्ण के प्रथम दर्शन से ही प्रेम-विह्वल होकर उनके प्रति अपनी गहन आसक्ति का ऐसा वर्णन करती है, जैसे आत्मा का परमात्मा से मिलन हो गया हो । इसमें भी अनुप्रास है, लेकिन कवि का असली जोर किशोरी के कृष्ण के प्रेम में लय होने के चित्रण पर है । छंद है—

देव न देखति हौं दुति दूसरी देखे हैं जा दिन तैं ब्रजभूप मैं ।
पूरि रही री वही धुनि कानन आन न आनन ओप अनूप मैं ।।
ए आँखियाँ सखियाँ न हमारि ऐ जाय मिलीं जल बुंद ज्यों कूप में ।
कोटि उपाय न पाइयौ फेरि समाय गईं रँगराय के रूप मैं ।।

इस छंद की पहली पंक्ति से निराला का यह गीत याद आता है : 'आँखें वे देखी हैं जबसे,/और नहीं देखा कुछ तबसे ।' इसमें किशोरी अपनी सखी से आगे कहती है कि कानों में कृष्ण की वंशी की ध्वनि ही भर रही है, किसी दूसरे व्यक्ति की मुख-कांति मेरे ध्यान में भी नहीं आई । ऐसा लगता है कि ये आँखें मेरी नहीं हैं, क्योंकि ये स्वयं ही जाकर कृष्ण में गर्क हो गईं, जैसे जल-बिंदु कुएँ के जल में

जा मिला हो । ये कृष्ण के रूप में इस कदर लीन हो गई हैं कि अनगिनत उपाय करने पर भी इन्हें फिर से नहीं पाया जा सकता है । यह उक्ति भी बहुत सरल है और इसमें बल भाव-चित्रण पर है । क्योंकि कवि जानता है कि कविता में व्यक्त होनेवाला सच्चा भाव स्वयं में भाषा की पूरी ताकत लिए रहता है । इस प्रसंग में हम एक छंद और देखें, जिसमें किशोरी का प्रेम और गहन हो गया है । यह भी भिन्न किशोरी है, जिसका प्रेम उस धरातल पर पहुँचा हुआ है, जो महाकवियों के चित्रण का धरातल होता है । उक्त छंद, जो स्पष्टतः असाधारण है, निम्नलिखित है—

औचक ही चितई भरि लोचन वा रस के बस व्है रही चेरि यै ।
मोहक मोहु पै हो नहीं सूझत बूझत स्याम धने तम घेरियै ।।
आनँद के मद के नद में मनु बूड़ि गयौ हद में नहिं हेरियै ।
कै उलटौ सब लोक लगै किधौं दैव करी उलटि मति मेरियै ।।

इस किशोरी ने अचानक कृष्ण को आँख-भर देखा और उस रस के वशीभूत होकर उनकी चेरी हो गई । कहती है, हे मोहनेवाले, मैं स्वयं अपने को नहीं देख पा रही और लगता है कि कृष्ण रूपी अंधकार ने मुझे घेर लिया है । मेरा मन आनंद के नशे की महानदी में निमग्न हो गया है, जिसकी कोई सीमा नहीं । मुझे पूरा संसार उलटा दिखलाई पड़ रहा है । यह संसार ही बदल गया है, या मेरी मति ही उलट गई है ? यह वह प्रेम है, 'जिसके आगे राह नहीं' । कहना व्यर्थ है कि देव ने धीरे-धीरे उसे चरम उत्कर्ष पर पहुँचा दिया है ।

यहाँ तक तो किशोरी का वर्णन हुआ । अब हम यौवनागम की झाँकी लें । किसी लड़की पर जवानी क्या आती है, उस पर आफत आ जाती है । विद्वानों का कहना है कि सूरदास से लेकर रीतिकाल के कवियों तक ने जिस युवक और युवती के प्रेम का वर्णन किया है, वे गोकुल और बरसाने के होने के कारण ग्रामीण ही हैं । इस तरह यह चित्रण लोक-संस्कृति का ही चित्रण है । मेरा भी अनुभव यही है कि आज से पचास-साठ वर्ष पूर्व गाँव में कोई लड़की युवावस्था में प्रवेश करती थी, तो वह जिधर जाती थी, उसे युवकों की आँखें छेदती रहती थीं । आगे जो छंद मैं उद्धृत करने जा रहा हूँ, उसमें यौवनागम की मारी एक नवयुवती कहती है—

पीछे तिरीछे कटाछनि सों इत वे चितवैं री लला ललचैहैं ।
चौगुनी चाव चबाइनि के चित चाह चढ़े हैं चबाउ मचैहैं ।।

जोबन आयौ न पाप लग्यौ कवि देव रहैं गुरु लोक रिसैहैं ।
जी में लजैए जु जैएँ कहूँ नित पैयें कलंक चितैयै जु सैहैं ।।

यहाँ नवयुवती गोपिका है और युवक स्वयं लीलापुरुष कृष्ण, जिससे इस छंद का डंक थोड़ा कम हो गया है, लेकिन यदि इसे सीधे लोक-जीवन से जोड़कर देखें, तो स्थिति में कोई फर्क नहीं पड़ेगा । वह नवयुवती जहाँ जाती है, उसके पीछे लगे कृष्ण लालच की तिरछी दृष्टि से उसे देखते रहते हैं । विशेष बात यह है कि जितने लालच से वे उसे देखते हैं, उससे चौगुने उत्साह से उसे बदनाम करनेवाले शोर मचाते हैं । वह बिसूरती है, यह जवानी क्या आई, मुझे पाप लग गया ! गुरुजन भी मुझी पर क्रोधित होते हैं । इसका यह फल हुआ कि मैं अपने मन में लज्जा का अनुभव करती रहती हूँ और यदि कहीं देखनेवाले को सामने से मैंने भी देख लिया, तो कलंक लगना निश्चित है । संभवतः यही कारण था कि शादी के बाद भी नवविवाहिता को ससुराल के कड़े पहरे में रहना पड़ता था । घर के सारे लोग इस बात से डरते रहते थे कि कहीं उसकी एक उँगली भी लोग देख न लें । इससे सामाजिक स्थिति पर भी अच्छा प्रकाश पड़ता है । नवविवाहिता परेशान होकर कहती है कि मैं किसी ओर भी देख लूँ, तो लोगों को ऐसा लगता है कि मैं कोई चोरी कर रही हूँ और कहीं घर से बाहर रास्ते में पैर दे दिया, तो मुझ पर जैसे अक्षम्य अपराध करने का आरोप लगा दिया जाता है । इन कारणों से मैं अपने सभी अंगों को वस्त्राच्छादित रखती हूँ और कभी कोई उँगली जरा भी दिखलाई पड़ गई, तो अफसोस के मारे दाँतों तले उँगली दबानी पड़ती है । दिन-रात घर में छिपे रहिए और हँसिए तक नहीं, इस वैरी युवावस्था ने सारे संसार को मेरा वैरी बना दिया है । यदि घर में छिपी न रहूँ, तो शिकायत करने के लिए निंदकों का दल अंदर घुस आता है । इस छंद में भी छोटे-बड़े अनेक सानुप्रास पद हैं, लेकिन अंतिम पंक्ति में तो 'घ' वर्ण की अनेकशः आवृत्ति हुई है । लेकिन यह छंद रसिकों को मजा देनेवाला नहीं है, क्योंकि इसमें नववधू पर लगी बंदिशें, जिनसे उसका दम घुटता रहता है, सब पर भारी हैं । वे हमें भी सोच में डाल देती हैं कि एक वह भी समय गुजरा है, जब नवविवाहिताओं को कड़ी कैद में रखा जाता था । हम युवतियों के वर्णन का आनंद लेते रहे, पर उनकी विषम स्थिति की कभी कल्पना नहीं की । इस छंद को भी आप देख लें—

चोरी लगै चहुँ ओर चितौत कलंक लगै मग में पग दै री ।
दंतन दाबि रहौं अँगुरी, अँगुरी कहुँ नैकु जो पै उघरै री ।।

देव दुरे रहिए, हँसिए नहीं, बैरिनि बैस कियौ जग बैरी ।
जो न घिरे रहिए घर में तो घुरे घिरि आवत हैं घर घैरी ।।

अब हम रसिकों की दुनिया में लौटें, एक बेहद दिलचस्प छंद के साथ, जिसमें एक गूजरी अथवा अहीरिन के साथ कृष्ण का वार्तालाप है । पहली पंक्ति में कृष्ण बोलते हैं और दूसरी पंक्ति में युवती । युवती बहुत ही मुँहजोर है, जिससे वह कृष्ण को निर्भीकतापूर्वक मुँहतोड़ जवाब देती है । मुलाहिजा फरमाइए–

गूजरी ऊजरे जोवन कौ कछु मोल कहौ दधि कौ तब दैहौं ।
देव न यों इतराहु, न होय, न यों मृदुबोलन मोल बिकैहौं ।।
मोह कहा अनमोल बिकाहुगी ऐंचि जबै अधरा रसु लैहौं ।
कैसी कही फिरि तौ कहौ कान्ह अबै कछु हौं हुँ कका की सौं कैहौं ।।

वह युवती, जो बहुत-ही गोरी है, गोकुल में दही बेचने आई है । कृष्ण उसके पास गए और उससे दही लेकर बोले–'पहले तुम अपने गोरे यौवन का मोल बतलाओ, फिर तुम्हें दही का दाम दूँगा ।' युवती ने तुरत उत्तर दिया–'इस तरह मत इतराओ, ऐसा कभी नहीं होगा, मैं तुम्हारी मीठी बातों से बिक जानेवाली नहीं हूँ ।' कृष्ण ने पलटकर कहा–'अरी, जिस समय मैं तुम्हें खींचकर तुम्हारे होंठों के रस का पान करने लगूँगा, तुम बिना मोल के बिक जाओगी ।' मुँहजोर युवती ने उन्हें मुँहतोड़ जवाब दिया–'क्या कहा तुमने ? जरा फिर से तो कहो, मैं काका की सौगंध खाकर कहती हूँ, इस बार मैं भी कुछ कह डालूँगी ।' उसका इतना कहना कम था, उसने कृष्ण पर रहम किया था, क्योंकि वे 'नंदलला' थे । पर इससे देव की एक भिन्न मनोदशा स्पष्ट है, जो उनकी कविता को एकरस नहीं होने देती और उसे कई तरफ से आकर्षक बनाकर रखती है ।

ऊपर जिन किशोरियों का वर्णन किया गया है, उनके प्रेम की अनिवार्य परिणति प्रिय-मिलन की आकांक्षा में होती है । लेकिन एक वैसी ही किशोरी की मनोदशा जानकर कृष्ण उसे अपने पास आने का संवाद भेजते हैं, तो वह बेतरह घबड़ा जाती है और संवाद लानेवाली से पूछती है कि क्या उन्होंने सचमुच मुझे बुलाया है और बुलाकर वे क्या करेंगे ? छंद देखिए–

लाल बुलाईं हौ, कौ हैं वे लाल, न जानतीं हौ तौ सुखी रहिबौ करि ।
री, सुख काहे कों देखें बिना दिख साधन ही, जियरा न परौ जरि ।।

देव तो जान अजान क्यों होति यही सुनि आँसुन नैन लिये भरि ।
साँचैं बुलाई, बुलावन आई, हहा कहि मोहि कहा करि हैं हरि ।।

जब संवाद लानेवाली स्त्री किशोरी से कहती है कि तुम्हें कृष्ण ने बुलाया है, तो वह पूछती है कि वे कौन हैं ? स्त्री उत्तर देती है—यदि तुम उन्हें नहीं जानतीं, तो सुखी रहोगी । यह बात उसके प्रतिकूल है । वह फरमाती है—अरी ! उन्हें देखे बिना सुख काहे का ? कहीं साध करते-करते ही जी न जल जाए ! स्त्री बोली—तो फिर जानकर अनजान क्यों बनती हो ? यह सुनकर किशोरी की आँखों में जल भर आया । अंतिम पंक्ति का अर्थ ऊपर संकेतित किया जा चुका है । कहना व्यर्थ है कि किशोरी की प्रथम मिलन की घबड़ाहट अत्यंत स्वाभाविक है । ऐसी सूक्ष्म स्थितियों पर दूसरे रीति-कवियों की दृष्टि बहुत कम गई है । अब हम एक ऐसा छंद उद्धृत कर रहे हैं, जिसमें कोई किशोरी नहीं, बल्कि एक युवती है और ऐसा लगता है कि कृष्ण से उसकी मुलाकात हो चुकी है और वह उनसे नाराज है और रो रही है । बीच में उसकी एक सखी है, जो पहले कृष्ण को समझा आती है और फिर उस युवती को समझाती है । वह कृष्ण से कहती है कि वह युवती आपके रूप पर भीतर-भीतर बहुत ललचाई है और आप पर बिक चुकी है, लेकिन इस बात को कोई जानता नहीं । एक ओर तो आपके प्रेम ने उसे सताकर निर्बल कर दिया है और दूसरी ओर वह अपने स्वजनों की नजर से भी उतर चुकी है । फिर वह युवती से कहती है कि तुम जिसे देखने को सिसकियाँ भरा करती हो, उससे क्रुद्ध होने की चर्चा ही कैसी ? यह प्रेम-जगत् का न्याय नहीं है, इसे मेरी ही तरह तुम भी जानती हो । इस छंद की अंतिम पंक्ति में 'सिसकी' और 'रिसकी' की जोड़ी कमाल कर रही है । छंद यह है—

रावरे रूप लला ललचानी ये जानी न काहू बिकानऔ ऐसी ।
है सतहीन सताई त तौ तुम संगति तैं उतरी उत तैसी ।।
न्याव निबेरो न हो यह नेह को जानत हौ तुम हू हम जैसी ।
देखिबे ही कों भरौ सिसकी तिन ते रिसकी चर्चा कहौ कैसी ।।

हमने एक नवोढ़ा का वस्त्राच्छादित रूप देखा है, जिसे पढ़कर दिल में कचोट उठती है । अब हम एक पूर्ण युवती का नग्न सौंदर्य देखें, जो बिहार के कवि आरसी प्रसाद सिंह की इन पंक्तियों की याद दिलाता है—'जिस छवि पर तुमको बहुत नाज,/वह देखूँगा मैं नग्न आज', हालाँकि उनका संदर्भ भिन्न है । देव

के अगले छंद में एक नाइन ऊँचे घराने की एक वधू को स्नान कराने आती है, जो पूर्ण युवती है । उसके साथ वह सुगंधित द्रव्य है, जो बाल धोने के काम आता है, साथ-साथ लाल रंग का एक अन्य द्रव्य भी है, जिसकी बिंदी सौभाग्वती हिंदू स्त्रियाँ लगाती हैं । वह नाइन युवती के लालाभ अंगों में उबटन लगाने के लिए उसकी कंचुकी उतरवाती है । अब वह युवती पूर्णतः नग्न है, यद्यपि देव ने उसके अंग-प्रत्यंग का, उसके उरोजों का भी वर्णन नहीं किया । सिर्फ कौशलपूर्ण संकेत से सब कुछ सूचित कर दिया है । नाइन उसके शरीर की स्वाभाविक ललाई देखकर उसे पाँव से सिर तक और सिर से पाँव तक चकित होकर देखती रहती है । वह वहीं पर ठगी-सी खड़ी रहती है और उसकी ठुड्डी पकड़कर आनंद और विस्मय के मारे हँस उठती है । छंद इस प्रकार है—

आई हुती अन्हवावन नाइनि सौंधो लिए कर सूधे सुभायनि ।
कंचुकी छोरी उतै उबटैवे कों ईंगुर-से अँग की सुखदायिनि ।।
देव सरूप को राग निहारति पाँय तैं सीस लौं सीस तैं पायनि ।
ह्वै रही ठौर ही ठाड़ी ठगी सी हँसै कर ठोड़ी धरे ठकुरायनि ।।

युवती के नग्न रूप का वर्णन होने से यह वर्णन अश्लील नहीं हो जाता, क्योंकि यह हमारे भीतर सौंदर्य-बोध को तीव्र करता है, हममें कामोत्तेजना नहीं जगाता । इसका कारण क्या है ? वह है इसका उत्कृष्ट कविता होना, जिसमें कवि ने अभिव्यक्ति को वह रूप प्रदान किया है, जो ग्राम्यता से मुक्त है । यह 'न्यूड' है, 'नेकेडनेस' नहीं । यहाँ मुझे प्रो. नलिनविलोचन शर्मा का यह कथन याद आता है कि 'कला में ग्राम्यता चिंतनीय है । कला में अश्लीलता नासमझ आलोचकों का भ्रम है ।' इस प्रसंग में एक और बात याद आती है । मकबूल फिदा हुसैन ने सरस्वती का एक नग्न चित्र बनाया था, जिस पर हिंदुत्ववादियों ने बहुत हंगामा किया । उसी दौरान एक सज्जन ने प्रसिद्ध इतिहासकार प्रो. रामशरण शर्मा के सामने हुसैन के चित्र पर आपत्ति की । प्रो. शर्मा प्राचीन भारतीय इतिहास के विशेषज्ञ थे । उन्होंने उक्त सज्जन से सरल ढंग से कहा—'आपको किसी का शारीरिक सौंदर्य दिखलाना हो, तो उसके कपड़े तो आप उतारेंगे ?' मैंने स्वयं भी एक संग्रहालय में सरस्वती की एक प्राचीन नग्न मूर्ति देखी है । तात्पर्य यह कि नलिनजी का कहना शत-प्रतिशत सही है । असल चीज है प्रस्तुति का ढंग, जो किसी चित्रण को श्लील-अश्लील बनाता है । भदेस प्रस्तुति कलात्मक नहीं होती, इसलिए वह श्लील भी नहीं हो सकती । छंद की अंतिम पंक्ति कितनी

सचित्र और ध्वनिपूर्ण है, यह देखते ही बनता है–'ह्वै रही ठौर ही ठाड़ी ठगी सी हँसै कर ठोड़ी धरे ठकुरायनि' । खास बात यह कि इसमें 'ठ' वर्ण की आवृत्ति है और कवि ने उसी से अप्रत्याशित सौंदर्य उत्पन्न किया है । जैसे उसकी सारी कर्कशता दूर कर उसे सौंदर्य के रस में बोर दिया हो । छायावादी कवियों ने तो अपनी कविता को कोमल-कांत बनाने के लिए टवर्ग के वर्णों को देशनिकाला ही दे दिया था, लेकिन देव और आधुनिक काल के मैथिलीशरण-जैसे कवियों ने उसके वर्णों के विन्यास से भी सौंदर्य और रस उत्पन्न किया ।

फैज और फिराक ने अपनी शायरी में रूप का प्रचंड वर्णन किया है । देव का रूप-वर्णन उस कोटि को नहीं पहुँचता, फिर भी निम्नलिखित छंद की अंतिम पंक्ति में जैसे सौंदर्य का विस्फोट होता है । पूरा छंद इस तरह है–

ये अँखियाँ बिनु काजर कारी अँपारी चितै चित में चपटी सी ।
मीठी लगैं बतियाँ मुख, सीठी यों सौतिन के उर में दपटी सी ।।
अंग हू राग बिना अँग अंग झकोरैं सुगंधन की झपटी सी ।
प्यारी तिहारी ये एड़ी लसैं बिनु जावक पावक की लपटी सी ।।

एक गोपिका दूसरी गोपिका के रूप-लावण्य की प्रशंसा करते हुए कहती है कि तुम्हारी ये आँखें बिना काजल के भी ऐसी काली हैं कि किसी को तटस्थ भाव से भी देख लेती हैं, तो उसके चित्त में चिपटी रह जाती हैं । तुम्हारे मुख से निकले हुए ये शब्द बहुत मीठे हैं, भले तुम्हारी सौत को वे फीके और डपटते-से लगें । तुमने किसी अंगराग का प्रयोग नहीं किया, तब भी तुम्हारे अंगों से सुगंध के झकोरे निकल रहे हैं । प्यारी, बिना महावर के भी तुम्हारी एड़ी आग की लपट-सी लगती है ! अंतिम पंक्ति में दो छोटे-छोटे अनुप्रास हैं, 'प्यारी तिहारी' और 'जावक पावक', लेकिन 'लपट' शब्द के प्रयोग से देव ने उन्हें विस्फोटक बना दिया है । इस उक्ति को भी स्वाभाविक मानना चाहिए, जिसके लिए ऐसा नहीं लगता कि कवि ने सचेत होकर कोई प्रयास किया हो । अब राधा और कृष्ण की यह पारस्परिक रूप-प्रशंसा देखें, जिसमें कोई चमत्कार नहीं, सिर्फ हृदय से व्यक्त होनेवाला प्रेम है,–

आपुस में रस सों रहसैं बहसैं बनि राधिका कुंज बिहारी ।
स्यामा सराहति स्याम की पागहिं स्याम सराहत स्यामा की सारी ।।
एकहिं आरसी देखि कहै तिय नीके लगौ पिय, प्यौ कहै प्यारी ।
देव जू बालम बाल कौ बाद बिलोकि भई बलि हौं बलिहारी ।।

कृष्ण और राधा सुंदर साज सजाकर एक निकुंज में आनंदपूर्वक परस्पर वार्तालाप कर रहे हैं । राधा कृष्ण की पाग की प्रशंसा करती है और कृष्ण राधा की साड़ी की । एक ही दर्पण में दोनों अपने को देखते हैं और राधा कृष्ण को अधिक सुंदर बतलाती है तथा कृष्ण राधा को । उनके इस वार्तालाप को एक गोपिका सुनती है और कहती है कि मैं इन दोनों के प्रेमालाप से उन पर न्यौछावर हो गई हूँ ! इस छंद की सरलता और स्वाभाविकता में किसी को संदेह नहीं होना चाहिए । दूसरे रीतिकवियों को ऐसे अनलंकृत वर्णन से शायद ही संतोष होता ।

अब तक हम देव के सवैए ही देखते रहे हैं, अब उनका एक कबित्त भी देखें, जिसमें राधा का रूप-वर्णन है । आचार्य शुक्ल ने लिखा है कि देव कभी-कभी पेचीदा मजमून बाँधते थे, जिसका निर्वाह वे शायद ही कर पाते थे । प्रस्तुत छंद में उनके थोड़े पेचीदे मजमून की झलक तो मिलती है, लेकिन यह नहीं कह सकते कि वे उसका सम्यक् निर्वाह नहीं कर सके हैं :

फटिक सिलानि सों सुधार्‌यौ सुधा मंदिर
उदधि दधि को सौ उफनाय उमगै अमंद ।
बाहिर तें भीतर लौं भीति न दिखाई देति
क्षीर के से फेन फैली चाँदनी फरस बंद ।।
तारा सी तरुनि तामें देव जगमग होति,
मोतिन की ज्योति मिल्यौ मल्लिका कौ मकरंद ।
अरसी से अंबर में आभासी उज्यारी ठाढ़ी,
प्यारी राधिका कौ प्रतिबिंब सौ लगत चंद ।।

है तो यह शरद्-ज्योत्स्ना का वर्णन, लेकिन यह समाप्त हुआ है राधा के रूप के अप्रत्यक्ष वर्णन के साथ । चाँदनी में नहाया हुआ स्फटिक-सौध ऐसा प्रतीत होता है, मानो दधि-समुद्र उफना रहा हो । उजाले के कारण बाहर-भीतर कहीं भय नहीं है । दुग्ध-फेन-सी फैली चाँदनी को भवन के फर्श ने जैसे अपने पर ठहरा लिया हो । यह वर्णन सटीक कहा जाएगा, लेकिन उदग्र नहीं । चाँदनी का उदग्र वर्णन मुझे मलयालम कवि वल्लत्तोल की एक कविता में पढ़ने को मिला था, जिसमें उन्होंने कहा है कि फर्श पर गिर रही चाँदनी इतनी उजली है कि एक बिल्ली उसे दूध समझकर चाट रही है । बहरहाल, देव-वर्णित ज्योत्स्ना-स्नात फर्श पर शुभ्र वस्त्र धारण किए तारिका-जैसी गौर वर्ण किशोरियाँ खड़ी हैं । उनके शरीर पर मोतियों की माला भी है और मल्लिका का हार भी । इन दोनों की ज्योति परस्पर

मिल रही है । उनके बीच में राधा विराजमान हैं । और इस दर्पण-जैसे उज्ज्वल आकाश में जो चंद्रमा है, वह उनके प्रतिबिंब-जैसा लग रहा है ! पाठक स्वयं तय करेंगे कि इस थोड़े पेचीदे मजमून को देव ने निबाहा है, या नहीं । अब आप राधा और कृष्ण का एक दिलचस्प विनोद देखें । यह विनोद भी कबित्त छंद में ही निबद्ध है :

लागि प्रेम डोरि खोरि साँकरी ह्वै कढ़ी आई
नेह सो निहोरि जोरि आली मनमानती ।
उततें उताल देव आए नँदलाल इत
सौहैं भई बाल नवलाल सुख मानती ।।
कान्ह कह्यौ टेरिकैं कहाँ तें आईं को हौ तुम
लागतीं हमारे जांत कोई पहचानतीं ।
प्यारी कह्यौ फेरि मुख हेरि जू चलेई जाहु,
हमें तुम जानत, तुम्हें हूँ हम जानतीं ।।

राधा सप्रेम अपनी प्रिय सखियों के साथ ब्रज की गली में जा रही थी । खबर पाते ही कृष्ण अधीर होकर तुरत वहाँ आ पहुँचे । अब राधा और वे आमने-सामने थे । दोनों एक-दूसरे को देखकर प्रसन्न हुए । कृष्ण ने उससे विनोद किया, 'सुनिए, आप कहाँ से आईं और कौन हैं ? मुझे कुछ पूर्वपरिचित-सी जान पड़ती हैं ।' राधा ने मुँह फेरकर उत्तर दिया, 'महाशय, आप चले जाएँ । आप हमें जानते हैं, तो मैं भी आपको अच्छी तरह जानती हूँ ।' सादगीभरी इस चुभनशीलता पर, जो नोक तो चुभाती है, लेकिन जख्म नहीं बनाती, बल्कि आनंद ही प्रदान करती है, कोई भी निसार हो जाएगा ।

अब हम एक ढीठ प्रेमी का उसकी प्रेमिका के साथ विनोद भी देख लें । यह छंद पुनः सवैया है–

पान दियौ हँसि प्यार सों प्यारी बहू लखि त्यौं हँसि भौंह मरोरी ।
बाँह गही ललचाय लला मुख नाहीं कही मुसकाय किसोरी ।।
तोरि न लाज जेठानी सखी जन देव ढिठाई करैं नहिं थोरी ।
लाल जितै चितवैं तिय पै तिय त्यौं त्यौं चितौति सखीन की ओरी ।।

उक्त प्रेमी की प्रेमिका अपनी सखियों के बीच बैठी है । प्रेमी ने हँसकर उसकी तरफ पान बढ़ाया । यह बात उसे अच्छी न लगी और उसने अप्रसन्नतासूचक हँसी

हँसकर अपनी भौंहें मरोड़ लीं। इससे उतावला होकर प्रेमी और ललचाकर उसकी बाँह पकड़ लेता है। प्रेमिका ने मुस्कुराकर उसे मना किया। यह भी कहा कि ये सखियाँ मुझसे उम्र में बड़ी हैं, इनके सामने तुम मेरी लाज मत उघारो। ये बड़ी ढीठ भी हैं। तात्पर्य यह कि कुछ ऐसा-वैसा कह देंगी, तो मुझे भी बुरा लगेगा और तुम्हें भी। अब कवि का एक सूक्ष्म अवलोकन देखिए, प्रेमी जैसे-जैसे उसकी ओर देखता है, वैसे-वैसे वह अपनी सखियों की ओर देखती है, उसकी ओर नहीं। यह सूक्ष्म अवलोकन बहुत थोड़े-से रीतिकवियों के लिए कोई अर्थ रखता है। अब अगला छंद। यह उस समय की बात है, जब मैं पटना के बी.एन. कालेज में प्राध्यापक था। होली की छुट्टियाँ शुरू होनेवाली थीं। उसकी पूर्व संध्या पर हमलोगों ने होली का समारोह आयोजित किया, जिसमें होली-गायन का भी कार्यक्रम था। कालेज के चतुर्थवर्गीय कर्मचारियों ने ढोल-झाल पर मिलकर होली गाई। उनमें से एक बूढ़े कर्मचारी ने जो होली उठाई, उसे उसके सौंदर्य के कारण मैं अभी तक नहीं भूल सका हूँ। उसने जो होली गाई, वह थी—'रँग न बने रँगरेजा/स्याम बिना'। संदर्भ स्पष्ट है। राधा ने एक रँगरेज को अपनी साड़ी रँगने के लिए दी है। उसने उसमें अनेक रंग डाले, सिवा श्याम रंग के। इसी पर राधा उससे कहती है कि श्याम रंग के बिना कोई रंग नहीं खिलता है। अब आप देव का वह छंद देखें, जिसके संदर्भ की भी कल्पना करनी पड़ती है, क्योंकि राधा के अलावा कोई गोपिका कृष्ण से ऐसा प्रेम नहीं कर सकती, जो उन्हें अपने में इस हद तक बसाकर रखे। छंद है :

देव मैं सीस बसायौ सनेह कै भाल मृगम्मद बिंदु कै भाख्यौ।
कंचुकी में चुपरौ करि चोआ लगाइ लियौ उर सों अभिलाख्यौ।।
कै मखतूल गुहे गहने रस मूरतिवंत सिंगार कै चाख्यौ।
साँवरे लाल कौ साँवरौ रूप मैं नैनन में कजरा करि राख्यौ।।

राधा कहती है कि मैंने कृष्ण को कस्तूरी के बिंदु के रूप में अपने भाल पर बसा रखा है और अपनी कंचुकी में चोआ चुपड़ा है, जो सर्वदा मेरे हृदय के निकट रहता है। कस्तूरी का रंग तो साँवला होता ही है, ऐसा लगता है कि चोए का रंग भी साँवला ही होता है। आगे उसका कहना है कि मैंने काले रेशम में ही अपने गहने गूँथे हैं और मूर्त रूप में श्रृंगार का आस्वादन किया है। स्मरणीय है कि श्रृंगार का वर्ण आचार्यों ने श्याम ही बतलाया है। अंत में कवि यह कहकर अपनी कविता को स्वाभाविक ढंग से चरम बिंदु पर पहुँचा देता है कि साँवले कृष्ण के

साँवले रूप को राधा ने आँखों में काजल लगाकर बसा रखा है । अपनी इस अंतिम पंक्ति के चलते यह छंद भी लोकप्रिय रहा है । अंतिम पंक्ति तो इतनी सुंदर है कि वह अनेक पुराने काव्य-प्रेमियों की जुबान पर चढ़ी रहती है ।

एक युवती का पति परदेश जानेवाला है । वह प्रभात होते ही प्रस्थान कर देगा । इस कारण युवती चाहती है कि प्रभात हो ही नहीं । आज सूर्य उसे करोड़ों शत्रुओं के समान लग रहा है । वह कहती है कि मेरे प्राण उनके वियोग में कैसे रहेंगे ? प्रलय के दिन के समान पहला दिन कट भी गया, तो दूसरा दिन तो महान् कष्टकारक होगा । उनके परदेश-गमन के संवाद-मात्र से ही उसका प्रिय के प्रेम में रचा-पचा शरीर रुई की भाँति वियोगाग्नि में दग्ध होने लगा है और उसका मुख उसाँसों से दुःखित होकर रूखा पड़ गया है, जिसकी उपमा मुरझाए हुए गुलाब के फूल से ही दी जा सकती है । इस छंद की अंतिम पंक्ति है : 'सासनि दूखि उसासनि रूखि गयौ मुख सूखि गुलाब के फूल सो ।' यह अंतिम पंक्ति 'दूखि', 'रूखि' और 'सूखि' की अनुप्रास-योजना के बावजूद बहुत ही सरल और स्वाभाविक है । शायद ही कोई दूसरा रीतिकवि ऐसी उक्ति से आकृष्ट होकर अपने छंद का बंधान बाँधता । अब पूरा छंद भी देख लें :

प्रानपती के पयान प्रभात प्रभाकर कोटि हुतौ प्रतिकूल सो ।
रैहै क्यों प्रान प्रलै पहलें दिन दूसरौ द्यौस दसा दुखमूल सो ।।
नेह रच्यौ बिरहागि तच्यौ प्रिय प्रेम पच्यौ प जरै तन तूल सो ।
सासनि दूखि उसासनि रूखि गयौ मुख सूखि गुलाब के फूल सो ।।

अगले छंद में स्पष्ट रूप से विरहावस्था का वर्णन है । यह वर्णन वसंत ऋतु के वर्णन से मिला हुआ है । वसंत और विरह दोनों का संबंध पुराना है । कवि ने इन दोनों का वर्णन एक-दूसरे से मिलाकर एक छंद में किया है, जो बहुत ही सुंदर है । अवलोकन करें–

फूले अनारन पांडुर डारन देखते देव महाडर माँचैं ।
माधवी झौंरन अंब के बौरन भौंरन के गन मंत्र सौ बाँचैं ।।
लागि उड़ै बिरहागिनि की कचनारन बीच अचानक आँचैं ।
सौचैं पुकारि पुकारि पिकी कहै नाचैं बनैगी बसन्त की पाँचैं ।।

अनार में लाल-लाल फूल खिल आए हैं और वृक्ष की डालों के पत्ते किसलय निकलने के पहले पीले पड़कर झड़ने के लिए तैयार हैं । यह देखकर विरहिनी

गोपिकाओं को भयानक डर व्याप जाता है । कारण यह कि वसंत प्रेमोद्दीपक होता है, जो विरहिनियों के लिए असह्य होता है । इतना ही नहीं, चमेली के झाड़ों और आम के बौरों पर भ्रमर-समूह गुनगुनाता हुआ कोई मोहक मंत्र पढ़ रहा है । अचानक कचनार के फूलों से लाल-लाल चिनगारियाँ उड़ती हैं और विरहाग्नि को और प्रदीप्त कर जाती हैं । ऊपर से कोकिला पंचम स्वर में कूकती है, तो लगता है कि वह पुकारकर कह रही है कि अभी तो कुछ नहीं हुआ, तुम्हें तो असली नाच वसंत की पंचमी नचाएगी । वह इसलिए कि उस समय वसंत अपने उरूज पर होता है । हमारे देश में ऋतुओं और महीनों के बीच का संबंध कई प्रकार का है । आज माघ और फागुन को शिशिर ऋतु और चैत और वैशाख को वसंत ऋतु के अंतर्गत रखा जाता है, लेकिन वसंत-पंचमी से ऐसा लगता है कि देश में एक प्रबल मत यह भी रहा है कि वसंत का आरंभ माघ से होता है ।

एक छंद गोपिका के स्वप्न से संबंधित है, स्वप्न में वह देखती है कि कृष्ण नृत्य कर रहे हैं और वह भी उसे देखने के लिए जाती है । वे मुस्कुराकर और प्रेम-भाव का प्रदर्शन कर तथा अन्य गोपिकाओं को छोड़कर खींचकर उसी का वस्त्र पकड़ लेते हैं । तात्पर्य यह कि वे उसके साथ नृत्य करना चाहते थे, लेकिन तभी गाय रँभाने लगी और गोकुल की वधुओं द्वारा घड़े में दही मथने की घर्र-घर्र की आवाज आने लगी । फिर तो वह चौंककर जग पड़ी और पाया कि न कहीं कृष्ण हैं, न कदंब, न कुंज और न कहीं कालिंदी-तट । मुझे याद है कि जब मैंने इसे खूबसूरत बतलाते हुए रीतिकाव्य के विशेषज्ञ अपने एक वरिष्ठ सहयोगी को सुनाया, तो उन्होंने कहा कि इसमें खूबसूरत क्या है ? आचार्यों ने तो यह पहले से बतला रखा है कि प्रभात-काल होने के कौन-कौन-से लक्षण हैं । यह सुनकर मेरे सारे उत्साह पर पानी पड़ गया और मैं सोचने लगा कि आचार्यों ने अपनी बुद्धि की महीनी का जितना भी परिचय दिया हो, लेकिन उन्होंने नायक-नायिका-भेद, संचारी भाव, अनुभाव, हाव, सात्त्विक भाव आदि को सूचीबद्ध करके काव्यास्वादन को बेमजा कर दिया है । उन आचार्यों के ऊपर भी वे काव्य-प्रेमी हैं, जो बिना शास्त्र का सहारा लिए कविता का आनंद लेना और उसका विश्लेषण करना बालपन समझते हैं, वे हिंदी के सामान्य प्राध्यापक हों, या डा. नगेंद्र-जैसे आलोचक । देव के उपर्युक्त छंद में गाय के रँभाने और दही मथने की आवाज से स्वप्न-भंग होना बेहद आकर्षक अभिव्यक्ति है, जिसका पूरा आस्वादन शास्त्र से हटकर ही किया जा सकता है । गोपिका का स्वप्न टूटता है और एक पूरी जादुई दुनिया उसकी आँखों के सामने से गायब हो जाती है, इसके

वर्णन का सौंदर्य अपूर्व है, बशर्ते कि हम शास्त्र का सहारा लिए बिना सीधे कविता का साक्षात्कार करें :

सापने में गई देखन हौं सुनि नाचत नंद जसोमति कौ नट ।
वा मुसक्याय कैं भाव बताय कैं मेरोई खैंचि खरौ पकरौ पट ।।
तौं लगि गाय रम्हाय उठी कवि देव बधून मथ्यौ दधि को घट ।
चौंकि परी तब कान्ह कहूँ न कदंब न कुंज न कालिंदी कौ तट ।।

रीतिकाव्य की एक रूढ़ि, जिसका पालन बिहारी से लेकर पद्‌माकर तक ने किया है, युवक का किसी दूसरी युवती के साथ रात बिताकर सवेरे अपनी पत्नी के पास पहुँचना है । फिर पति-पत्नी-संवाद शुरू होता है । देखने की बात यह है कि किस कवि ने इस रूढ़ि के पालन में कैसी वाग्विदग्धता दिखलाई है । देव के ऐसे तीन अतिशय मनोहर छंद हैं, जो हमें उनकी वाणी का लोहा मानने को मजबूर करते हैं । पहला छंद है :

भोर भयौ मनभावन आए औ प्यारी तिन्हें लखि कैं दृग फेरे ।
सीधे सुभाइन लाल कही कछु काहेक लाल बिलोचन तेरे ।।
बोलि उठी तिय मान भरी औ गुमान भरे करि नैन तरेरे ।
काहू के रंग रँगे दृग रावरे, रावरे रंग रँगे दृग मेरे ।।

भोर होने पर युवती का पति आया । उसके लिए यहाँ 'मनभावन' शब्द प्रचुर व्यंग्यात्मक है । युवती ने उसे देखकर अपनी आँखें फेर लीं । फिर युवक ने सहज भाव से उससे पूछा—तुम्हारी आँखें लाल क्यों है? जाहिर है कि प्रतीक्षा में रात-भर जगने, नींद नहीं आने या रोने के कारण उसकी आँखें लाल हो रही हैं । मान-भरी युवती अपनी गुमान-भरी आँखें तरेरती हुई बोली—आपकी आँखें तो किसी और के रंग में रँगी हुई हैं और मेरी आँखें आपके रंग में, क्योंकि वे भी लाल हो रही थीं । इससे बढ़कर वचन-विदग्धता क्या होगी? दूसरा छंद पहले छंद से कम मारक नहीं है । यहाँ भी युवक अन्यत्र रात बिताकर आया है । वह अपराध-भाव से ग्रस्त है । युवती उस पर ऐसा प्रहार करती है, जो ऊपर से दिखलाई नहीं पड़ता है । कहती है, मेरा तो यह सिद्धांत है कि पति का प्रेम अपेक्षित हो, तो मरणोपरांत भी उसके प्रति प्रेम का निर्वाह करना चाहिए । यदि वह धोखे-से कुमार्ग पर पाँव बढ़ाता है, तो उसे समझाने-बुझाने से काम लेना चाहिए । पति थोड़ा संतुष्ट होकर उससे पूछता है कि फिर तुम्हारी मुख-कांति

फीकी क्यों है, तुम्हारी आँखों में आँसू क्यों हैं, तुम ऊँची उसाँस क्यों ले रही हो और तुम्हारा गला क्यों भर्राया हुआ है? युवती उत्तर देती है—आज आपकी छवि में इतना माधुर्य दिखलाई पड़ा कि मेरी आँखें उसे पीते-पीते भर गईं और जो न पिया जा सका, वह उनसे ढरककर बाहर आ गया ! अब तो आप देव की सूक्ष्म व्यंग्य-क्षमता को मानेंगे? छंद है :

देव जू पै चित चाहिए नाह तौ नेह निवाहिए देह मर्‍यौ परै ।
त्यौं समुझाय सुझाइयै राह अमारग जो पग धोखे धर्‍यौ परै ।।
नीके में फीके हूँ आँसू भरौ कत ऊँची उसाँस गरौ क्यौं भर्‍यो परै ।
रावरै रूप पियौ अँखियान भर्‍यौ जु भर्‍यौ उबर्‍यौ सो ढर्‍यौ परै ।।

अंतिम छंद सबसे विलक्षण है । युवती के सामने उसका पर-स्त्रीगामी पति उपस्थित है । वह अजीब ढंग से उस पर व्यंग्य करती है और उससे कहती है—देखो, तुम्हारे पीछे कौन गूजरी वा अहीरिन बाला पाँवों में महावर रचाए खड़ी है । उसकी असावरी की, जो एक विशेष प्रकार का सूती कपड़ा है, बुँदकीदार लाल चुनरी यानी ओढ़नी और उसके घुमावदार घाँघरे की छवि क्रमशः झलक और छलक रही है । यहाँ साड़ी का अर्थ 'ओढ़नी' देखकर पाठक चौंकेंगे । बात यह है कि शब्दों का भाग्य-परिवर्तन ही नहीं होता है, अलग-अलग क्षेत्रों में उनका अर्थ भी बदलता है । उदाहरणार्थ बिहार में जिसे 'साड़ी' कहते हैं, उसे उत्तर प्रदेश में 'धोती' भी कहा जाता है । आज 'चुनरी' का अर्थ राजस्थान से लेकर बिहार तक में लाल बुँदकीदार साड़ी है, लेकिन ब्रजभाषा में शुरू से अंत तक इसका प्रयोग 'ओढ़नी' या 'दुपट्टा' के लिए हुआ है । ऐसी स्थिति में क्या ताज्जुब यदि साड़ी भी ब्रजभूमि के किसी क्षेत्र में कभी 'ओढ़नी' के अर्थ में प्रयुक्त होता रहा हो । देव के भाष्यकार ने भी 'साड़ी' का अर्थ 'चुनरी' ही लिखा है । ज्ञातव्य है कि आज भी पंजाब में दुपट्टे को 'चुन्नी' कहते हैं, जो 'चुनरी' का ही एक रूप है । आगे युवक की पत्नी उससे कहती है : तुम उस गूजरी को मुझसे न छिपाओ, कहीं चंद्रमा भी अँधेरे में छिप सकता है? अरे छैल, वह देखो, छिपी-छिपी वह तुम्हारे पीछे तिरछी होकर मुस्कुरा रही है । सच्चाई यह है कि वहाँ कोई नहीं है । युवती अपने पति पर इस काल्पनिक चित्र से प्रहार करती है । यह चित्र इतना बोलता हुआ है कि बड़े-बड़े कवियों की कला इसके सामने स्तब्ध हो जाएगी । इसमें भरपूर नवीनता भी है, जिसकी रीतिकाव्य में कम ही कल्पना की जा सकती है । अंतिम पंक्ति में 'छ' वर्ण की अनेकशः आवृत्ति हुई है, जिससे इसका सौंदर्य

अनेक गुना बढ़ गया है । अब आप छंद को भी देखें, जो आपके मन में वाकई गूँजता रहेगा–

रावरे पायनि ओट लसै पग गूजरी बार महावर ढारे ।
सारी असावरी की झलकै छलकै छवि घाँघर घूम घुमारे ।।
जाओ जू जाओ दुराऔ न मोहु सों देव जू चंद दुरै न अँध्यारे ।
देखों हौं कौन सी, छैल ! छिपाई तिरीछे हँसै वह पीछे तिहारे ।।

प्रकृति चूँकि मनुष्य का अनिवार्य परिवेश है, बल्कि वह उसी की देन है, इसलिए उससे उसकी आत्यंतिक जुदाई संभव नहीं । स्वभावत: देव के अनेक छंदों में प्रकृति अथवा उसके उपादान मौजूद हैं, भले यह न कहा जा सके कि वह उनकी काव्य-संवेदना का अंग थी । मैं पहले भी कह चुका हूँ कि प्रकृति का वर्णन स्वतंत्र रूप में हो, या परतंत्र रूप में, असल चीज है उसके प्रति कवि की संवेदना । यदि उसकी कविता में आनेवाली प्रकृति, वह चाहे जिस रूप में हो, उसकी तीक्ष्ण और नवीन ऐंद्रिय बोध की देन है, तो वह महत्त्वपूर्ण है । देव का वसंत से संबंधित एक छंद बहुत प्रसिद्ध है । इसमें वसंत स्वतंत्र भी है, कामोत्तेजना या प्रिय-स्मृति जाग्रत् करने का साधन नहीं । उक्त प्रसिद्ध छंद, जो कि कबित्त है, इस प्रकार है–

डार द्रुम पालना बिछौना नव पल्लव के सुमन झँगूला सोहै तन छवि भारी दै ।
पवन झुलावै, केकी-कीर बतरावैं देव कोकिल हलावै हुलसावै कर-तारी दै ।।
पूरित पराग सों उतारौ करै राई नोन कंजकली नायिका लतान सिर सारी दै ।
मदन महीपजू कौ बालक बसंत ताहि प्रातहिं जगावत गुलाब चटकारी दै ।।

इसमें वसंत का वर्णन महाराज कामदेव के शिशु के रूप में किया गया है । वह शिशु वृक्ष की शाखाओं के पालने पर लेटा है । उसका बिछावन किसलयों का है । उसके शरीर में जो झँगूला है, वह फूलों का बना है, जिससे शरीर पर बहुत शोभ रहा है । उस पालने को हवा झुलाती है । मयूर और शुक उस शिशु से बातें कर-करके उसे बहलाते हैं और कोयल अपनी कूक से जैसे ताली बजा-बजाकर उसे उल्लसित कर रही है । कमल-कलिका अपने सिर पर लताओं की साड़ी का आँचल डालकर हाथों में पुष्प-पराग लिए जैसे राई-नोन से उसकी नजर उतार रही है और सुबह में गुलाब चटख-चटखकर उसे जगाते हैं । 'गुलाब की चटकारी' बिहारी के एक अतिशय सुंदर दोहे में भी आया है । लेकिन वहाँ जो 'चटकारी' गुलाब के चारों ओर चटखने की आवाज का अर्थ देती है, यहाँ वह

चुटकी बजाकर सोए हुए शिशु को जगाने का बोध करा रही है । ऐसा लगता है कि देव की काव्य-माधुरी पर दिनकरजी भी फिदा थे । इसका पता इस बात से चलता है कि अपनी एक कविता में उन्होंने बड़ी ललक से देव की कविता का जिक्र किया है और उसके साथ उनके इसी छंद का हवाला दिया है । उनकी पंक्तियाँ हैं : 'प्रात जगाता शिशु वसंत को नव गुलाब दे-दे ताली;/तितली बनी देव की कविता वन-वन उड़ती मतवाली ।' अगला छंद भी, जिसमें उदग्र शरद्-ज्योत्स्ना का वर्णन है, स्वतंत्र है । इसमें भी देव ने एक पेचीदा मजमून बाँधा है, पर यहाँ भी वे निभा ले गए हैं । छंद का अर्थ हम बाद में देखेंगे, अभी छंद को देखें—

आस पास पूरन प्रकास के पगार सूझैं बनन अगार डीठ गली हैं निवरते ।
पारावार पारद अपार दसौ दिसि बूड़ीं, विधु बरम्हंड उतरात बिधि-बर ते ।।
सारद जुन्हाई जन्हु पूरन सरूप धाई, जाई सुधा सिंधु-नभ सेत गिरिबर ते ।
उमड़ौ परतु जोति मंडल अखंड, सुधा-मंडल यही में इंदु मंडल-बिबर ते ।।

निराला ने अपने एक परवर्ती गीत में फागुन की चाँदनी का प्रचंड वर्णन किया है : 'कैसी सुहाई जुन्हाई,/निशा में दिवा फिर आई ।' लेकिन निराला और देव में फर्क है । देव अपनी बात को एक कबित्त में पूरा फैलाकर कहते हैं । उनका वर्णन भी बहुत जोरदार है, पर निरालावाली पारदर्शिता उसमें नहीं । देव कहते हैं : शरद्-ज्योत्स्ना में वन घर-जैसे लगते हैं और ज्योत्स्ना का पूर्ण प्रकाश वन के चारों ओर उठी हुई चहारदीवारी की तरह ! दृष्टि डालने पर उससे निकलकर दूर जाती गलियाँ दिखलाई पड़ती हैं । चतुर्दिक् पारद का अपार पारावार फैला है, जिसमें दसों दिशाएँ डूब गई हैं, बस विधाता के वरदान से ब्रह्मांड में सिर्फ चंद्रमा उतरा रहा है । शारदीय ज्योत्स्ना जाह्नवी का पूर्ण रूप धारण करके सुधा-सिंधु के समान फैले आकाश से निकली है । नदियाँ चूँकि पर्वत से निकलती हैं, इसलिए उक्त सुधा-सिंधु को देव ने शुभ्र पर्वत का रूप दे दिया है । उनकी एक कल्पना यह है कि ज्योत्स्ना की जाह्नवी आकाश से फूटी है, लेकिन आकाश के नीचे उसका एक आवरण है, जो उसे रोक रहा है । चंद्रमा जैसे उस आवरण में बना एक छिद्र है, जिससे उसका अखंड ज्योति-मंडल धरती पर उमड़ रहा है ।

प्रकृति-वर्णन से संबंधित देव के दो छंद वर्षा-ऋतु से संबंधित हैं । उनमें उनका ध्वनि-संयोजन देखने लायक है । उसका विपुल मात्रा में प्रयोग करके उन्होंने अपने छंद को निनादित कर दिया है । देखिए—

सहर सहर सौंधे सीतल समीर डोलै, घहर घहर घन घेरि कें घहरिया ।
झहर झहर झुकि झीनी झर लायौ देव, छहर छहर छोटी बूँदन छहरिया ।।
हहर हहर हँसि हँसि के हिंडोरे चढ़ी, थहर थहर तनु कोमल थहरिया ।
फहर फहर होत पीतम को पीत पट, लहर लहर होति प्यारी की लहरिया ।।

रुक-रुककर शीतल और सुगंधित वायु बह रही है । आकाश में बादल घेरकर घहर रहे हैं । धीरे-धीरे झड़ी लग रही है और छोटी-छोटी बूँदें पड़ रही हैं । राधा कलेजे में हहरती हुई और शरीर से काँपती हुई कृष्ण के साथ झूले पर झूल रही है । कृष्ण का पीतांबर फहरा रहा है और राधा की ओढ़नी लहरा रही है । निःसंदेह प्रकृति और मनुष्य दोनों का यह चित्र सुंदर और मनमोहक है ।

दूसरे छंद में सिर्फ कृष्ण हैं, जो बागों में घूम रहे हैं । यह छंद पहले छंद की तरह नादयुक्त नहीं है, फिर भी इसमें पक्षियों के बोलने से लेकर हवा के झोंकों से लता के हहराने और झुक-झुक पड़ने का वर्णन है, इसलिए यह मनोरम हो गया है ।—

सुनिकै धुनि चातक मोरन की, चहुँ ओरन कोकिल कूकनि सों ।
अनुराग-भरे हरि बागन में, सखि रागनि राग अचूकनि सों ।
कवि देव घटा उनई, उनई, बन भूमि भई दल दूकनि सों ।
रँगराती हरी हहराती लता, झुकि जाती समीर के झूकनि सों ।।

इसकी तीसरी पंक्ति में प्रयुक्त 'दूकनि' शब्द का अर्थ यों तो है 'कुछ', लेकिन पंक्ति के उत्तरार्ध का अर्थ यह होगा कि 'वन-भूमि नए दलों से युक्त हो गई है' ।

अब देव का वह छंद, जो अतिशय प्रसिद्ध है और जिसे भारतेंदु ने अपने 'सत्यहरिश्चंद्र' में उद्धृत किया है । इसमें सूर्योदय का दृश्य और विरहिनी तथा उसकी सौत पर उसके प्रभाव का वर्णन है । सूर्योदय चकवी के लिए मनोवांछित बात है । वह चारों ओर चाव से देख रही है और नाच रही है, क्योंकि उसके बाद ही अपने प्रिय से उसका मिलन होता है । चंद्रमा की शोभा क्षीण पड़ गई है और ज्योत्स्ना को जैसे यम ने अपना आहार बना लिया है । विरहिनी कहती है कि उसके वैरी पक्षी बोल रहे हैं और उसकी शत्रु यानी सौत के घर में जैसे कहीं की संपत्ति आ गई है । यह सूर्योदय नहीं है, प्राची दिशा का मुख जो आरक्त है, सो इसलिए कि उसने रात-भर विरहिनी का रक्त-पान किया है । पाठक मानेंगे कि इस सवैए की अंतिम पंक्ति में विरहिनी के वियोग की प्रचंड रूप में अभिव्यक्ति

हुई है । छंद–

या चकई कौ भयौ चित चीती, चितौति चहूँदिसि चाय सौं नाची ।
है गई छीन छपाकर की छबि, जामिनि जोन्ह मनौ जम-जाँची ।
बोलत बैरी बिहंगम, देव सु बैरिन के घर संपति साँची ।
लोहू पियौ जू वियोगिनी कौ, सु कियो मुख लाल पिसाचिनि प्राची ।।

देव पर अपने इस लेख का समापन मैं विश्व–विख्यात विद्वान् कुमारस्वामी के इस कथन से करना चाहता हूँ कि 'प्रेम एक है' । तात्पर्य यह कि वह मनुष्य का प्रेम हो, या ईश्वर का, या प्रकृति का, वह अखंड है । वह समावेशी है, गैर–समावेशी नहीं । काम हो, शृंगार हो, प्रेम हो या भक्ति हो, सब प्रेम है । आचार्यों ने बहुत सोच–समझकर कहा था कि 'रसो वै सः' । यदि देव की कविता हमें काव्य–रस का आस्वादन कराती है, तो उसे सिर्फ नायक–नायिका की रति–क्रीड़ा कहकर हम खारिज नहीं कर सकते ।

पद्माकर : स्वाभाविकता में कलात्मकता

पद्माकर घनानंद के परवर्ती हैं, लेकिन मैं उनकी कविता पर उनसे पहले विचार कर रहा हूँ । कारण यह कि वे रीतिबद्ध कवियों की परंपरा के अंतिम समर्थ कवि थे । उनमें आकर उक्त परंपरा चरमोत्कर्ष पर पहुँचकर निष्प्रभ हो जाती है । इस बात को लेकर आचार्य रामचंद्र शुक्ल, आचार्य हजारीप्रसाद द्विवेदी और पं. विश्वनाथप्रसाद मिश्र प्राय: एकमत हैं । आचार्य शुक्ल कहते हैं, 'जिस प्रकार ये अपनी परंपरा के परमोत्कृष्ट कवि हैं उसी प्रकार प्रसिद्धि में अंतिम भी ।' आचार्य द्विवेदी साफ शब्दों में लिखते हैं कि 'पद्माकर रीति कविता के अंतिम श्रेष्ठ रचयिता हैं ।' विश्वनाथजी का कहना है कि 'पद्माकर शृंगारकाल के अंतिम चरण के बहुत समर्थ कवि हुए हैं ।' देव के ग्रंथों की संख्या बहुत अधिक है, लेकिन पद्माकर के कुल ग्रंथ पाँच-छ: से अधिक नहीं हैं । उनमें से भी सर्वाधिक लोकप्रिय ग्रंथ 'जगद्विनोद' है, जिसे उन्होंने जयपुर के महाराज प्रताप सिंह के पुत्र महाराज जगत सिंह के काल में उन्हीं के नाम पर बनाया था । यह रसनिरूपक लक्षण-ग्रंथ है, लेकिन इसमें भी कवि का ध्यान लक्षणों पर नहीं, लक्ष्य पर ही केंद्रित रहा है । इसी कारण पद्माकर प्रत्येक पुराने काव्य-प्रेमी के कंठहार बन गए । प्रतिभा भी उनमें विलक्षण थी, जिससे देव से आगे बढ़कर उन्होंने अपने प्रत्येक छंद का निर्माण किया, जो आज भी कभी-कभी सुनाई पड़ जाता है । हाल में मैंने डा. नामवर सिंह को अपने व्याख्यान में पद्माकर के एक उत्कृष्ट छंद को उद्धृत करते हुए पाया । यह बात सुज्ञात है कि वे निराला के भी प्रिय कवि थे । निराला की जानकारी रखनेवाले लोगों को यह भी मालूम है कि वे इंट्रेंस की परीक्षा पास नहीं कर सके थे, क्योंकि उन्हीं के शब्दों में उन्होंने गणित

की कापी को पद्‌माकर के कवित्तों से 'चुहचुहा' दिया था ।

इस लेख का आधार 'जगद्विनोद' और उसके साथ कवि के कुछ स्फुट छंदों को बनाया गया है । देव और पद्‌माकर में यह फर्क है कि देव जहाँ केवल स्वाभाविक हैं, वहाँ पद्‌माकर उनकी तरह स्वाभाविक होते हुए भी उनसे अधिक कलात्मक । आचार्य शुक्ल की यह उक्ति प्रसिद्ध है कि रीतिकाल के कवियों के कबित्तों और सवैयों में ऊपर के तीन चरण भले कमजोर हों, पर अंतिम चरण में आकर कविता 'चमक' उठती है । दिनकरजी ने किंचित् कठोर शब्दों का प्रयोग करते हुए रीतिकाव्य का नया मूल्यांकन करने के क्रम में लिखा है कि रीतिकवियों के 'प्रत्येक कवित्त एवं सवैए में पहली तीन पंक्तियों में जैसी-तैसी तैयारी और उक्ति की सारी वेधकता को समेटकर चौथी पंक्ति में केंद्रित कर देने का प्रयत्न' है । यह बात कम से कम देव और पद्‌माकर पर लागू नहीं होती । छंदों के अंतिम चरण इनके भी सर्वाधिक उत्कृष्ट होते हैं, पर वे बाहर से आकर विस्फोट नहीं करते, बल्कि ऊपर के तीनों चरणों की स्वाभाविक परिणति होते हैं । प्रत्येक कवि अपनी कविता को अंतिम स्पर्श प्रदान करता है । देव और पद्‌माकर-जैसे कवियों के छंदों के अंतिम चरण को भी उनके 'फिनिशिंग टच' के रूप में लेना चाहिए, जो हमारे भीतर आनंद के वृत्त उठाने लगते हैं । निश्चय ही उसमें पूरे छंद का योगदान होता है, सिर्फ उसके अंतिम चरण का नहीं ।

यह बात छिपी हुई नहीं है कि रीतिकाल के, जिसे विश्वनाथजी शृंगारकाल कहते हैं, नायक-नायिका कृष्ण और राधा हैं । पं. महावीरप्रसाद द्विवेदी शृंगारी कवियों से बहुत ज्यादा नाराज थे, क्योंकि साहित्य के प्रति उनका दृष्टिकोण सामाजिक सुधारवाला था, सो उन्होंने उन कवियों के बारे में लिखा कि ये लोग देवी-देवताओं को भी बदनाम करते हैं ! वस्तुस्थिति यह है कि जैसे कृष्ण और राधा मिथक हैं, उसी तरह रीतिकाल का पूरा काव्य-लोक मिथकीय है । कवियों ने मिथक या फैंटेसी की एक ऐसी दुनिया बनाई है, जो स्वप्न-सदृश है । जो लोग यह समझते हैं कि उन कवियों ने अपने आश्रयदाताओं की रुचि के अनुसार एक यथार्थवादी कविता लिखी, वे गलत समझते हैं । हम आगे देखेंगे कि पद्‌माकर में भी जिस ऐश्वर्य, सौंदर्य और विलास का वर्णन है, वे उस मात्रा में पृथ्वी पर कभी नहीं रहे । फिर उसे फैंटेसी नहीं तो क्या माना जाए ? निश्चय ही उससे एक संस्कृति का भी आभास मिलता है, जो सामंती संस्कृति से लेकर लोक-संस्कृति तक है । लेकिन देखने की बात यह है कि कवियों ने अपनी फैंटेसी की दुनिया का निर्माण कितनी स्वाभाविकता और कितने कौशल से किया है । जहाँ तक कान

में 'मकरध्वज की पिचकारी' देने की बात है, तो कविता यह काम कर ही नहीं सकती, क्योंकि वह हमारे भीतर सौंदर्य-बोध जगाती है, जो कामोत्तेजना से भिन्न होता है । जो फर्क हाड़-मांस की एक सुंदरी और उसकी कलात्मक 'पेंटिंग' या मूर्ति में है, वही कामोत्तेजना और सौंदर्य-बोध में, जो मनुष्यता का सबसे 'उज्ज्वल वरदान' है । कालिदास, जयदेव, विद्यापति, सूर और बिहारी का नग्न सौंदर्य-वर्णन भी उत्कृष्ट कला-कृति है, हमें विलास की ओर प्रेरित करने का साधन नहीं । रसज्ञता और लंपटता में स्पष्ट अंतर है ।

सबसे पहले हम पद्माकर के प्रकृति-वर्णन को देखें । औदात्त्य के कवि रामइकबाल सिंह 'राकेश' ने अपने ओरछा-प्रवास का संस्मरण लिखा है । उसमें आनेवाला एक वाक्य मेरे मानस में हमेशा गूँजता रहता है । वह वाक्य है : 'ओरछा की वन-भूमि मयूरों के क्रेंकार से झंकृत है ।' इसके अनुकरण पर कहा जा सकता है कि पद्माकर की काव्य-भूमि अनुप्रासों के नूपुरों के रणत्कार से झंकृत है । वर्णन प्रकृति का हो, या प्रेम और रति-क्रीड़ा का, सर्वत्र यह झंकृति सुनाई देती है । अनुप्रास-योजना पर बल प्रायः सभी रीतिकवियों में है, पर पद्माकर की तरह किसी का छंद मन और श्रवण को गुंजायमान नहीं करता । वसंत से संबंधित उनके चार छंद हैं, तीन कबित्त और एक सवैया । चारों छंदों का सौंदर्य अलग-अलग है और उनकी अनुप्रास-योजना में भी काफी कुछ भिन्नता है । कबित्त छंद की लय मंथर होती है, जो गद्य से थोड़ी निकटता रखती है । मैं नीचे वसंत ऋतु से संबंधित जो पहला छंद उद्धृत करने जा रहा हूँ, उसी के आधार पर निराला ने 'जुही की कली' के मुक्तछंद का निर्माण किया था, यह स्मरणीय है । कबित्त की लय को ध्यान में रखकर ही उन्होंने आठ वर्णों पर विराम का नियम बनाया । जहाँ वर्णों की संख्या आठ से कम होती थी, वहाँ वे पढ़ने के खास ढंग से उसे पूरा करने की बात कहते थे । अब आप उक्त छंद देखिए । दुहराने की आवश्यकता नहीं कि कबित्त चार चरणों का छंद होता है, लेकिन सुविधा के लिए यहाँ एक चरण को दो पंक्तियों में लिखा जा रहा है—

कूलन में केलि में कछारन में कुंजन में,
क्यारिन में कलिन-कलीन किलकंत है ।
कहै पदमाकर परागन में पौन हू में,
पानन में पिक में पलासन पगंत है ।।
द्वार में दिसान में दुनी में देस-देसन में,
देखौ दीप-दीपन में दीपत दिगंत है ।

बीथिन में ब्रज में नबेलिन में बेलिन में,
बनन में बागन में बगरो बसंत है ।।

स्पष्टतः पहले चरण में 'क' की, दूसरे चरण में 'प' की, तीसरे चरण में 'द' की और चाथे चरण में 'ब' की बहुशः आवृत्ति हुई है, जो बार-बार हमें आनंदित करती है । इस छंद में वसंत की व्यापकता का वर्णन हुआ है । 'दुनी' का अर्थ है 'दुनिया', 'नबेलिन' का अर्थ है 'नई-नवेली गोपिकाएँ' और 'बगरो' का अर्थ है 'फैला हुआ' । इस छंद में अनुप्रास का इतना उत्कट संगीत है कि इसके लिए यह रीतिकाव्य के प्रेमियों की जुबान पर चढ़ा रहा है । अनुप्रास के आवरण को भेदकर हम इसके अंदर झाँकेंगे, तो इसमें मोहक वसंत का एक बहुत ही विस्तीर्ण रूप देखने को मिलेगा । विश्वनाथजी ने पहले चरण के 'कलिन' शब्द के पाठ को गलत मानते हुए उसे 'कलित' कर दिया है, लेकिन ज्ञातव्य है कि पद्माकर ह्रस्व और दीर्घ दोनों इकारों से बहुवचन बनाया करते थे और एक साथ उनका प्रयोग भी करते थे । एक उदाहरण : 'गोकुल की *गलिन-गलीन* यह फैली बात,/ कान्हैं नँदरानी बृषभानु-भौन ब्याहतीं' । वसंत ऋतु में जो प्रकृति से लेकर मनुष्य तक के मन में एक परिवर्तन दिखलाई पड़ता है, उसे दूसरा छंद उदाहृत करता है । शिवमंगल सिंह 'सुमन' का एक गीत है : 'मन की बातें कुछ और-और, कहने की बातें और-और ।' इसमें 'और' शब्द के प्रयोग और आवृत्ति से एक सौंदर्य संभव हुआ है । पद्माकर के दूसरे छंद में सानुप्रास शब्द भी प्रचुर मात्रा में हैं, लेकिन उसके सौंदर्य का असली स्रोत परिवर्तनसूचक 'और' शब्द का बार-बार प्रयोग है । देखिए–

और भाँति कुंजन में गुंजरत भौंर-भीर
और डौर झौरन में बौरन के ह्वै गए ।
कहै पदमाकर सु औरै भाँति गलियान,
छलिया छबीले छैल औरै छबि छ्वै गए ।।
और भाँति बिहँग-समाज में आवाज होति,
ऐसे ऋतुराज के न आज दिन द्वै गए ।
औरै रस औरै रीति औरै राग औरै रंग,
औरै तन औरै मन औरै बन ह्वै गए ।।

यहाँ शब्द और अर्थ में स्पर्धा है । दोनों एक-दूसरे को पीछे छोड़ना चाहते हैं । यह

चीज सिद्ध कवियों में ही देखने को मिलती है ।

तीसरे छंद में गोपिकाओं के विरह के संदर्भ में वसंत का वर्णन है । वसंत पतझड़ के साथ आता है, इसलिए एक तरफ उसमें पत्ते झड़ते हैं और दूसरी तरफ नए पत्ते निकलते हैं तथा डालों पर फूल खिलते हैं । इस छंद के पहले चरण में पतझड़ का वर्णन है, उसके बाद वसंत का, जो विरहिणी गोपिकाओं के लिए बहुत ही दाहक है । ये गोपिकाएँ मथुरा से आए हुए कृष्ण के संदेशवाहक उद्धव से कहती हैं–

पात बिन कीन्हे ऐसी भाँति गन बेलिन के,
परत न चीन्हे जे ये लरजत लुंज हैं ।
कहै पदमाकर बिसासी या बसंत के
सु ऐसे उतपात गात गोपिन के भुंज हैं ।।
ऊधो यह सूधो सो सँदेसो कहि दीजो भले,
हरि सों, हमारे ह्याँ न फूले बन-कुंज हैं ।
किंसुक गुलाब कचनार औ अनारन की
डारन पै जलत अँगारन के पुंज हैं ।।

विश्वनाथजी ने इस छंद के अंतिम दो चरणों की सरलता और सहजता की बहुत प्रशंसा की है । ये चरण लोकप्रिय भी रहे हैं, क्योंकि ये अभिव्यक्ति और अनुभूति की संप्रेषणीयता की दृष्टि से अनूठे हैं । अंतिम चरण का अनुप्रास तो मन को जीत लेनेवाला है । 'गन बेलिन' का अर्थ है 'लता-समूह' । 'लरजत' का अर्थ 'काँपना' से संबंधित है और 'लुंज' का अर्थ है 'टूटा हुआ', यानी लता-समूह पत्रहीन होकर ऐसे हो गए हैं कि पहचान में नहीं आते । ये काँप रहे हैं और छिन्न-भिन्न हैं । 'बिसासी' का मतलब है 'विश्वासघाती' और 'भुंज' 'भूनना' से संबंधित है । जैसा कि संकेत किया जा चुका है, वसंत-वर्णन वाला अंतिम छंद सवैया है । इसमें कोई कृष्ण से निवेदन करता है–

ए ब्रजचंद चलौ किन वाँ ब्रज लूकैं बसंत की ऊकन लागीं ।
त्यों पदमाकर पैखौ पलासन पावकै-सी मनो फूकन लागीं ।।
वै ब्रजवारी बिचारी बधू बन बावरी लौं हिये हूकन लागीं ।
कारी कुरूप कसाइनी ये सु कुहू-कुहू क्वैलिया कूकन लागीं ।।

'ऊकना' का अर्थ है 'चलाना' और 'ब्रजवारी' का 'ब्रजवाली' । कोयल के लिए

'क्वैलिया' का प्रयोग तिरस्कारसूचक है, क्योंकि वह ब्रज-वधुओं के लिए कसाइन का काम कर रही है । इस तरह हम देखते हैं कि वसंत से संबंधित पद्माकर के इन चारों छंदों में चार बातें हैं । अंतिम दो छंदों में से एक में उद्धव को संदेश दिया गया है, तो दूसरे में कृष्ण से गोपिकाओं का पक्ष लेकर अनुरोध किया गया है ।

पद्माकर ने वर्षा और शरद् ऋतु का भी वर्णन किया है । उनमें से खास तौर से शरद् ऋतु का वर्णन बहुत अच्छा है । वह वसंत-वर्णन के पहले छंद से भी बढ़कर है । वसंत से संबंधित छंद में उस ऋतु की व्यापकता को कवि जितना मूर्त बना सका है, उससे ज्यादा शरद् ऋतु वाले छंद में शरद् को मूर्त बनाने में उसने सफलता प्राप्त की है । उसका एक कारण यह भी है कि चाँदनी वसंत से अधिक मूर्त और व्यापक है । हम इन दोनों छंदों को क्रमशः देखें, यानी पहले वर्षा-वर्णन, फिर शरद् ऋतु का ज्योत्स्ना-वर्णन—

1. *बरसत मेह नेह सरसत अंग-अंग,*
झरसत देह जैसे जरत जवासो है ।
कहै पदमाकर कलिंदी के कदंबन पै,
मधुपनि कीन्हो आइ महत मवासो है ।।
ऊधौ यह ऊधम जताइ दीजौ मोहन कों,
ब्रज को सुबासो भयो अगिन-अवासो है ।
पातकी पपीहा जलपान को न प्यासो,
काहू बिथित बियोगिनी के प्रानन को प्यासो है ।।

2. *तालन पै ताल पै तमालन पै मालन पै,*
बृंदावन बीथिन बहार बंसीबट पै ।
कहै पदमाकर अखंड रासमंडल पै,
मंडित उमंडि महा कालिंदी के तट पै ।।
छिति पर छान पर छाजत छतान पर,
ललित लतान पर लाड़िली के लट पै ।
आई भली छाई यह सरद-जुन्हाई, जिहि
पाई छबि आजु ही कन्हाई के मुकुट पै ।।

पहले छंद में 'झरसत' 'झुलसना' से संबंधित है और 'मवासो' का अर्थ है

'आश्रय-स्थान' । फिर आगे आनेवाला शब्द 'सुबासो' 'सुंदर या अच्छा वास' है । कहने की आवश्यकता नहीं कि अंतिम चरण में पद्माकर की काव्य-शिखा भभक उठी है, लेकिन भभककर बुझती नहीं, काव्य-प्रमियों के मन में तीव्र प्रकाश विकीर्ण करती है । दूसरे छंद में 'ताल' का अर्थ है 'ताड़ का पेड़', और 'मालन' का अर्थ है 'माला' । इस तरह आगे जो 'छान' शब्द आता है, वह 'छप्पर' है और 'छतान' 'छत' । अंतिम चरण में कवि कहता है कि चाँदनी स्वयं सुंदर है, लेकिन कृष्ण के मुकुट पर पड़कर आज उसे असली सौंदर्य प्राप्त हुआ है । पूर्णतः स्पष्ट है कि शरद् चाँदनी का यह वर्णन जितना व्यापक है, उतना ही समर्थ भी । हमें गिरिजाकुमार माथुर का यह चाँदनी-वर्णन याद आता है : 'यह झकाझक रात,/चाँदनी उजली कि सूई में पिरो लो ताग,/चाँदनी को दिन समझकर बोलते हैं काग ।' यहाँ हम देखते हैं कि इन तीनों पंक्तियों में चाँदनी लगातार टहकार होती चली जाती है ।

मानवीय रूप का वर्णन भी पद्माकर ने किया है, लेकिन उसमें से मैंने सिर्फ एक छंद चुना है । इस छंद में एक गोपिका के गाल पर जो तिल है, उसी को लेकर कवि ने अनेक उत्प्रेक्षाएँ की हैं । उनमें से सिर्फ एक उत्प्रेक्षा पुरानी है, जैसे 'कैधौं अरबिंद में मलिंद-सुत सोयो आनि', बाकी उत्प्रेक्षाएँ काफी कुछ नई हैं । इस तिल-वर्णन की विशेषता यह है कि एक तिल के वर्णन से गोपिका का संपूर्ण सौंदर्य अत्यंत भास्वर रूप में अंकित हो जाता है । छंद यह है–

कैधों रूप-रासि में सिंगार रस अंकुरित,
संकुरित कैधों तम तड़ित-जुन्हाई में ।
कहै पदमाकर त्यों किधौं काम कारीगर,
नुकता दियो है हेम-फरद सुहाई में ।।
कैधौं अरबिंद में मलिंद-सुत सोयो आनि,
ऐसो तिल सोहत कपोल की लुनाई में ।
कैधों पख्यो इंदु में कलिंदि-जल-बिंदु आई,
गरक गुबिंद किधौं गोरी की गोराई में ।।

इस छंद के पहले चरण के संबंध में दो बातें ज्ञातव्य हैं । तिल की तुलना शृंगार रस से इसलिए की गई है कि वह भी श्यामवर्ण माना गया है । यह मैं पहले भी कह चुका हूँ । 'संकुरित' 'संकुलित' अर्थात् 'सिमटा हुआ' है । नोट करने की बात यह है कि इस चरण के उत्तरार्ध में वर्णित चाँदनी बेहद टहकार है, क्योंकि वह

तड़ित् अर्थात् विद्युत् के प्रकाश के समान है । इससे गोपिका की मुख-ज्योति की कल्पना की जा सकती है । दूसरे चरण में 'हेम-फरद' का अर्थ 'सोने का कागज' है । हिंदी में अरबी-फारसी और तुर्की के शब्द भक्तिकाल से ही कवियों की भाषा में मिलने लगे थे । रीतिकाल में आकर उनकी संख्या और बढ़ गई । यह 'कारीगर', 'नुकता' और 'फरद' शब्द से स्पष्ट है । पद्माकर को दाद देनी चाहिए कि उन्होंने संस्कृत शब्दों के साथ इन्हें बेहिचक रखकर समास बनाया है, यथा 'काम कारीगर' और 'हेम-फरद' । कालिंदी का जल काला होता है, यह सभी जानते हैं । उसकी एक बूँद चंद्रमा में आकर गिर गई है, वही चंद्रमुखी के कपोल का तिल है । इस चौथे चरण के उत्तरार्ध से मुझे एक शेर याद आता है : 'साक़ी का अक्से-रुख़ नही जामे–शराब में,/वो चाँद है जो डूब गया आफ़ताब में ।' यहाँ लाल सूर्य में गोरा चंद्रमा डूबता है और पद्माकर की उक्ति में श्यामवर्ण कृष्ण सुंदरी की गोराई में गर्क होते हैं ।

पद्माकर का होली-वर्णन बहुत प्रसिद्ध है । वे भारत के मध्य भाग में काफी दिनों तक रहे थे, जहाँ होली जिस धूमधाम से मनाई जाती है, उस धूमधाम से उत्तर भारत में नहीं । विद्वानों का कहना है कि बुंदेलखंड ही ब्रजभाषा की मूल भूमि भी है । स्वभावतः पद्माकर की काव्यभाषा पर बुंदेलखंडी के प्रयोगों का भी बहुत प्रभाव है । उनके जीवन का अच्छा-खास भाग वहीं बीता था, सो अनेक छंदों में उन्होंने मनोयोग से होली का वर्णन किया है । उन छंदों में से बहुत सख्ती करने पर भी मैं सात से कम छंद नहीं चुन सका । पद्माकर नाद-योजना के लिए तो प्रसिद्ध हैं ही, उनके होली-संबंधी छंदों में जो चित्रात्मकता है, उस कारण आलोचकों ने उसे उनके काव्य की सबसे बड़ी विशेषता बतलाया है । लेकिन इसका मतलब यह नहीं है कि उन्होंने जो देखा, उसे उसी रूप में चित्रित किया है । श्रेष्ठ कवि ऐसा कभी नहीं करता । वह अपनी कल्पना-शक्ति का उपयोग करते हुए दृष्ट और अनुभूत को पुनःसृजित करता है । पहला ही छंद देखिए–

आई खेलि होरी घरै नवल किसोरी कहूँ,
बोरी गई रंग में सुगंधनि झकोरै है ।
कहै पदमाकर इकंत चलि चौकी चढ़ि,
हारन के बारन तें फंद बंद छोरै है ।।
घाँघरे की घूमनि सु ऊरुन दुबीचें दाबि,
आँगी हू उतारि सुकुमारि मुख मोरै है ।

दंतनि अधर दाबि दूमरि भई-सी चापि
चौवर-पचौवर कै चूनरि निचोरै है ।।

इसमें एक किशोरी किसी के घर से होली खेलकर आई है । उसे सुगंधित रंग में बोर दिया गया है, जिससे वह सुगंध फैला रही है । चूँकि वह एकदम भीगी हुई है, इसलिए एकांत में ऊँची जगह पर चढ़कर बालों में फँसे हुए हार को सुलझा रही है और घाँघरे के घेरे को अपनी जाँघों के बीच दबाकर अपनी अँगिया उतारते हुए मुँह मोड़ती है, जैसे निराला में 'मालिन सुई चलाती है मुँह मोड़-मोड़कर'। तत्पश्चात् उक्त किशोरी अपनी लाल बुँदकेदार ओढ़नी की चार-पाँच तहें करके दाँतों से अपने होंठों को दबाकर, दोहरी होकर, उसे निचोड़ती है । आँखों के सामने सचमुच वर्ण्य विषय का अत्यंत सजीव चित्र खड़ा हो जाता है । आचार्य शुक्ल ने भी पद्माकर की कल्पनाशक्ति की बहुत प्रशंसा की है । वे वस्तुत: शब्दों से चित्र उठाने में बहुत सक्षम हैं । दूसरा छंद सवैया है और पद्माकर की स्फुट कविताओं से लिया गया है । वह है—

गैल में गाइ कै गारी दई फिरि तारी दई और दई पिचकारी ।
त्यों पदमाकर मेलि मुठी इत पाइ अकेली करी अधिकारी ।।
सौहैं बबा की करे हौं कहौं यहि फाग को लेहुँगी दाँव बिहारी ।
का कबहूँ मझि आइ हौ ना तुम नंदकिसोर या खोरि हमारी ।।

ऐसा नहीं है कि पद्माकर ने होली का वर्णन अपने अनेक छंदों में एक ही रूप में किया है । वे अलग-अलग छंदों में उसके अलग-अलग रूपों और उसकी अलग-अलग मुद्राओं का चित्रण करते हैं । इस छंद में अंकित ब्रजबाला ब्रज की गली में निकली थी । उस पर कृष्ण की नजर पड़ गई । उन्होंने उसे देखकर होली की गाली गाई, फिर ताली बजाई और उस पर रंग से भरी पिचकारी चला दी । इतना ही नहीं, उन्होंने मुट्ठी में अबीर भरकर उस अकेली के साथ जबर्दस्ती की और उस पर अबीर भी डाल दिया । अंत में वह उनसे कहती है कि मैं अपने बाबा की कसम खाकर कहती हूँ, मैं इस होली का बदला तुमसे लेकर रहूँगी । क्या कभी तुम हमारी गली में नहीं आओगे ? इसकी मुद्रा स्पष्ट है और इसमें व्यक्त होनेवाला ब्रज-बाला का कोप भी आनंददायक है ।

अब एक और छंद देखिए । इसमें कृष्ण किसी दूसरी गोपिका के साथ रात बिताकर सवेरे अपनी प्रेयसी के पास होली खेलने पहुँचे हैं । कृष्ण के ललाट

पर महावर लगा था और उनकी छाती पर दूसरी गोपिका की मोतियों की माला के दाग थे, जिससे वह गुलाबी हो आई थी । प्रेयसी उनसे कहती है, तुम्हारे ललाट पर लाल गुलाल लगा है और तुम गले में गुलाब का हार डालकर आए हो । क्या कमाल का हार है ! यदि ऐसा रूप बनाकर तुम मुझसे होली खेलने के लिए पहुँचे हो, तो खेलो, पर मेरी विनती है कि मेरे ऊपर गुलाल की झोली मत उँड़ेलो, जिससे कि मैं तुम्हारी यह छवि देख सकूँ ! महोदय, मेरी आँखें ही आपके रंग में रँगी हैं ! बलराम के भाई, उनमें गुलाल मत डालो । गोपिका की यह उक्ति इतनी व्यंग्यात्मक है कि उसे पढ़कर पद्माकर की वाग्मिता का लोहा मानना पड़ता है । 'रावरे' का प्रयोग तो चुभता हुआ है ही, 'बलबीर' का प्रयोग भी बहुत वेधक है, क्योंकि बलराम बहुत बलिष्ठ थे । कृष्ण उन्हीं के 'बीर' यानी भाई हैं । 'बलबीर' और 'अबीर' का अनुप्रास अलग से अमोघ सिद्ध होता है । छंद सवैया ही है और इस प्रकार है—

भाल पै लाल गुलाल गुलाब सो गेरि गरे गजरा अलबेलौ ।
यों बनि बानिक सो पदमाकर आए जु खेलन फाग तौ खेलौ ।।
पै इक या छबि देखिबे के लिए मो बिनती कै न झोरिन झेलौ ।
रावरे रंग-रँगी अँखियान में ए बलबीर अबीर न मेलौ ।।

होली से संबंधित अगले छंद में पद्माकर ने अपनी वाग्मिता का अद्भुत परिचय देते हुए कृष्ण और राधा के गहन प्रेम का वर्णन किया है । वे पाठकों से कहते हैं कि कृष्ण और राधा प्रेम से, एक-दूसरे में अनुरक्त, होली खेल रहे हैं । यह अपूर्व दृश्य देखो । पहले राधा ने कृष्ण पर गुलाल की लाल झोली उलट दी, फिर वह भी कृष्ण के द्वारा उसी हाल में पहुँचाई गई । 'घाली' का अर्थ है 'डालना' । दोनों के हाथ में पिचकारी थी, लेकिन दोनों इस कदर बेसुध थे कि उन्हें उसे केसर के रंग में बोरने की याद ही नहीं रही । बात दूसरी थी । राधा के गोरे रंग में कृष्ण भींग गए थे और उनके साँवरे रंग में राधा भी ! अब वह छंद देखिए, जो भी सवैया ही है—

या अनुराग की फाग लखौ जहँ रागती राग किसोर-किसोरी ।
त्यों पदमाकर घाली घली फिरि लाल-ही-लाल गुलाल की झोरी ।।
जैसी की तैसी रही पिचकी कर काहू न केसरि-रंग में बोरी ।
गोरिन के रँग भींजिगो साँवरी साँवरी के रँग भींजि गै गोरी ।।

एक बार होली में कृष्ण एक शहजोर गोपिका के फेरे में पड़ गए, जिसने उनकी बुरी गत बनाई । अहीर लोग होली खेल रहे थे । उनकी भीड़ में से वह उन्हें खींचकर अंदर ले गई और उनके साथ मनमाना सलूक किया । अबीर से भरी हुई झोली उनके ऊपर डाल दी । उनके गालों में रोली मलकर उनकी कमर में बँधा हुआ पीतांबर छीन लिया और उन्हें बाहर करके जले पर नमक छिड़कते हुए, आँखे नचाकर और मुसकुराकर उनसे कहा—लला, फिर होली खेलने आना ! अपने अंतिम चरण की चित्रात्मकता के कारण यह सवैया काफी लोकप्रिय रहा है । देखें—

फाग के भीर अभीरन में गहि गोबिंदैं लै गई भीतर गोरी ।
भाई करी मन की पदमाकर ऊपर नाइ अबीर की झोरी ।।
छीन पीतंबर कंमर तें सु बिदा दई मीड़ि कपोलन रोरी ।
नैन नचाइ कही मुसकाइ लला फिरि आइयौ खेलन होरी ।।

अब पुनः एक कबित्त, जिसमें रात भर कृष्ण के साथ होली खेलने के बाद गोपिकाओं की प्रातःकाल की छवि का अंकन है—

गोकुल में गोपिन गोबिंद-संग खेली फाग
राति भरि प्रात-समै ऐसी छबि छलकैं ।
देहैं भरी-आलस कपोल रस-रोरी-भरे,
नींद-भरे नयन कछूक झपैं झलकैं ।।
लाली-भरे अधर बहाली-भरे मुखबर,
कवि पदमाकर बिलोके को न ललकैं ।
भाग-भरे लाल औ सुहाग-भरे सब अंग,
पीक-भरी पलकैं अबीर-भरी अलकैं ।।

गोपिकाओं का शरीर आलस्य से भरा हुआ है और उनके कपोल रस की रोली से । आप निराला को याद करें—'मली मुख चुंबन-रोली' । बस वही बात है । गहरे चुंबन ने उनके कपोलों को लाल कर दिया है, जिन्हें देखकर लगता है कि उनमें रोली लगाई गई है । गोपिकाओं की आँखें नींद से भरी हुई हैं और ऐसा प्रतीत होता है कि वे थोड़ा झपक भी रही हैं । होंठों में लाली है और सुंदर मुखड़ों में भुलावे देनेवाली बातें, क्योंकि वे नहीं चाहतीं कि रात की बातें लोग जानें । ऐसी गोपिकाओं को देखकर कौन नहीं ललक पड़ेगा ? उनके ललाट लाल से जटित हैं

और सारे अंगों से उनका सौभाग्य प्रकट हो रहा है । कृष्ण के चूमने से उनकी पलकों में पान की पीक लगी है और होली खेलने के कारण बालों में अबीर भरा हुआ है । बिहारी ने अपने एक दोहे में कृष्ण की पलकों पर पीक का वर्णन किया है, क्योंकि रात-भर वे एक अपर सुंदरी के साथ विहार करते रहे हैं, जिसने पान खा रखा था । स्वभावतः उसके चूमने से उनकी पलकें पीक के रंग में रँग गईं । यहाँ पद्माकर ने गोपिकाओं के बारे में कहा है—'पीक-भरी पलकैं' । कहना व्यर्थ है कि यह छंद भी अतिशय मोहक है, खास तौर से अपनी तुक-योजना के कारण । अनुप्रास का रणत्कार तो इनमें है ही । 'बहाली' शब्द का अर्थ है 'भुलावे देनेवाली बातें' और 'भाग' शब्द का अर्थ है 'ललाट' । अब होली से संबंधित पद्माकर का अंतिम कबित्त, जो सौंदर्य और प्रभाव में उक्त कबित्त से बीस है—

एकै संग धाये नंदलाल और गुलाल दोऊ,
दृगनि गए जु भरि आनँद मढ़ै नहीं ।
धोइ-धोइ हारी पदमाकर तिहारी सौंह,
अब तौ उपाय एकौ चित्त पै चढ़ै नहीं ।।
कैसी करौं, कहाँ जाउँ, का सों कहौं, कौन सुनै,
कोऊ तौ निकासौ जा सों दरद बढ़ै नहीं ।
ए री मेरी बीर जैसे-तैसे इन आँखिन तें,
कढिगो अबीर पै अहीर तो कढ़ै नहीं ।।

एक गोपिका अपनी सखी से कहती है कि कृष्ण गुलाल लेकर मेरी ओर दौड़े और मेरी आँखों में झोंक दिया, जिससे मुझे होली के आनंद के बदले कष्ट ही हुआ । मैं तुम्हारी कसम खाकर कहती हूँ, उसे धोने के सारे यत्न मैंने कर डाले, पर वह धुला नहीं । अब क्या करूँ, कहाँ जाऊँ, किससे कहूँ, कौन मेरी सुनेगा ? कोई तो इस गुलाल को मेरी आँखों से निकाल दे, जिससे और दर्द न हो । आखिर उसकी सखी ने किसी तरह उसकी आँखों से गुलाल या अबीर को निकाला । अब वह उससे कहती है कि सखि, इन आँखों से अबीर तो निकल गया, पर अहीर नहीं निकलता । स्पष्टतः 'अहीर' से उसका तात्पर्य 'कृष्ण' से है, जो आभीर जनजाति के प्रेम के देवता थे ।

होली का प्रसंग समाप्त होता है । अब हम कृष्ण और गोपिकाओं के सिर्फ प्रेम-वर्णन को देखें । सबसे पहले एक गोपिका के कृष्ण से मिलने के आनंदोल्लास का यह वर्णन—

सजि ब्रजबाल नंदलाल सों मिलै के लिए,
लगनि लगालगि में लमकि-लमकि उठै ।
कहै पदमाकर चिराग-ऐसी चाँदनी-सी,
चार्‌यो ओर चौकन में चमकि-चमकि उठै ।।
झुकि-झुकि झूमि-झूमि झिलि-झिलि झेलि-झेलि,
झरहरी झापन में झमकि-झमकि उठै ।
दर-दर देखौ दरीखानन में दौरि-दौरि,
दुरि-दुरि दामिनी-सी दमकि-दमकि उठै ।।

गोपिका कृष्ण से मिलने के लिए प्रेमाधिक्य में उमग-उमग उठती है । वह दीप-शिखा-सी बल रही है और आँगन में चतुर्दिक् चाँदनी-सी चमक-चमक उठती है । झुक-झुककर, झूम-झूमकर और अत्यंत तृप्त हो-होकर जालीदार पर्दे में झमक-झमक उठती है, क्योंकि उसने सभी अंगों पर आभूषण धारण कर रखे हैं । उन्हीं आभूषणों की ध्वनि होती है । वह दरवाजे और कमरे में दौड़-दौड़कर और छिप-छिपकर बिजली-सी दमक-दमक उठती है ! यह है आनंदोल्लास का वर्णन, जिसमें पद्माकर ने अपनी काफी कुछ कला खर्च की है, जो निश्चय ही व्यर्थ नहीं गई है । इस छंद में आनेवाले 'लगालगि' शब्द का अर्थ है 'प्रेम', 'झरहरी झापन' का 'जालीदार परदा या चिक' और 'दरीखाना' का 'कमरा'। अब एक प्रेमी की चतुराई देखें । उसकी दो पत्नियाँ हैं और दोनों में बहुत ज्यादा प्रेम है । दोनों साथ ही रहती हैं । प्रेमी दोनों को प्यार करता है, पर छोटी को कुछ ज्यादा । अब कैसे वह बड़ी पत्नी की उपस्थिति में छोटी पत्नी को चूमने की जुगत भिड़ाता है, इसे देखें—

दोऊ छबि छाजतीं छबीली मिलि आसन पै,
जिनहिं बिलोकि रह्यौ जात न जितै-तितै ।
कहै पदमाकर पिछौंहैं आइ आदर सों,
छलिया छबीलो छैल बासर बितै-बितै ।।
मूँदे तहाँ एक अलबेली के अनोखे दृग,
सुदृग-मिचावनी के ख्यालनि हितै-हितै ।
नैसुक नवाइ ग्रीवा धन्य-धन्य दूसरी को,
औचक अचूक मुख चूमत चितै-चितै ।।

दोनों पत्नियाँ एक ही आसन पर बैठी हुई शोभायमान हैं । इन्हें देखकर प्रेमी पति को जहाँ-तहाँ नहीं रहा जाता । वह दिन ढलने का इंतजार कर रहा था । अँधेरा होते-होते वह बहुत आदर दिखलाते हुए पीछे से आया और जैसे प्रेमवश आँखमिचौनी का खेल खेल रहा हो, पहली पत्नी की आँखें बंद कर दीं और दूसरी पत्नी की गर्दन जरा-सी झुकाकर देखते-देखते अचानक उसे चूम लिया । निशाना अचूक था । दिनकरजी की एक अनूदित पंक्ति याद कीजिए, जिसमें राधा कृष्ण के बारे में कहती है : 'औचक चूम लिया मुख जब मैं दूह रही थी गाय' । ज्ञातव्य है कि यह जिस कविता की पंक्ति का अनुवाद है, उसके रचयिता टेनिसन हैं । 'नैसुक' का मतलब 'जरा-सा' ही होता है । निश्चय ही ऐसे चतुर दो पत्नियों वाले पति कम ही हुए होंगे । पद्माकर श्रृंगार और हास्य को मिलाकर चलते हैं । इन दोनों को मित्र-रस कहा भी गया है ।

अब हम उनके तीन ऐसे छंद देखेंगे, जिनमें गोपिकाएँ बेचैन होकर स्वयं कृष्ण से मिलने जाती हैं । पहली गोपिका उनसे मिलने को बहुत इच्छुक है, पर बेचारी नई है, सो रात में उनसे मिलने जाते डर रही है । आवाज न हो, इसलिए उसने किंकिणी के छोर को छिपा लिया है और पायलें भी शोर न करें, इसलिए उन्हें पाँव से निकालकर फेंक दिया है । 'नाई' शब्द 'फेंकने' के लिए ही आया है । पत्ता खड़कने पर भी वह सुंदरी काँप उठती है । कहीं लाज से गड़ जाती है और कहीं वह गजगामिनी रुक जाती है । इस तरह वह नवलकिशोरी 'हरें-हरें' यानी धीरे-धीरे कृष्ण के पास पहुँची । यह छंद सवैया है—

किंकिनी छोरि छपाई कहूँ कहूँ बाजनी पायल पाँय तें नाई ।
त्यों पदमाकर पात हु के खरके कहूँ काँपि उठै छबि छाई ।।
लाजहिं तें गड़ि जाति कहूँ अड़ि जाति कहूँ गज की गति भाई ।
वैस की थोरी किसोरी हरें-हरें या बिधि नंदकिसोर पै आई ।।

इसे पढ़कर भी निराला का गीत याद आता है : 'मौन रही हार/प्रिय-पथ पर चलती सब कहते श्रृंगार ।' यहाँ 'श्रृंगार' ही आभूषण का अर्थ देता है । अगली गोपिका इसके ठीक उलट है । वह ढीठ भी है और निर्भीक भी, सो आधी रात में बेधड़क कृष्ण से मिलने जाती है । रास्ते में उसे एक युवती मिलती है, जो पूछती है कि सखि, तुम कौन हो और आधी रात में कहाँ जा रही हो ? वह उत्तर देती है कि मैं एक प्रेमी की प्रेमिका हूँ और अपने उसी प्रेमी से मिलने जा रही हूँ । मुझे अब जाना है । वह फिर उससे पूछती है कि तब तुम अकेली डरती क्यों हो ? वह

फिर उत्तर देती है—डरूँगी क्यों? हे सखि, मेरे साथ तो कामदेव-जैसे बली हैं, जो कान तक धनुष-बाण ताने हुए हैं । छंद—

कौन है तू कित जाति चली बलि बीती निसा अधराति प्रमानै?
हौं पदमाकर भावती हौं निज भावते पै अब ही मुहि जानै ।।
तौ अलबेली अकेली डरै किन? क्यों डरौं? मेरी सहाय के लानै ।
है सखि संग मनोभव-सो भट कान लौं बान-सरासन तानै ।।

यह गोपिका काम के वशीभूत है, जिसे वह सवैए के अंतिम चरण में बहुत सशक्त ढंग से बतलाती है । पद्माकर की सूझ अनमोल है । इसमें प्रयुक्त 'बलि' शब्द 'सखि' है और 'लानै' का अर्थ है 'हेतु' । अंतिम गोपिका दूसरी गोपिका से भी आगे है । वह दिन में ही किवाड़ खोलकर कृष्ण से मिलने के लिए इस चतुराई से चल देती है कि किसी को पता नहीं चलता कि वह कहाँ जा रही है । वह ऐसी धुन में है कि उसके पाँवों के नीचे आनेवाले कंकड़ उसे कमल की पंखुड़ियों-से लगते हैं ! फलतः वह नाक भी नहीं सिकोड़ती । वह जंगल से गुजर रही है, पर जंगल उसे अपनी कामनाओं की पूर्ति करनेवाला लगता है । मार्ग की धूलि उसके लिए कपूर के समान है, पहाड़ सिर्फ पर्दे के समान और नदी नलिका के समान । इतना ही नहीं, उसे धूप चाँदनी-जैसी प्रतीत होती है, सूर्य चंद्रमा-जैसा, रास्ता काले रेशम-सा मुलायम और पृथ्वी मखमल-जैसी । 'मखतूल' रेशम की एक किस्म है, काला रेशम । इसे कहते हैं असली धुन, जो पद्माकर ने अपनी गोपिका में दिखलाई है । छंद यह है :

दिन कै किवार खोलि कीनो अभिसार, पै
न जानि परी काहू कहाँ जाति चली छल-सी ।
कहै पदमाकर न नाँक री सँकोरै, जाहि
काँकरी पगनि लगै पंकज के दल-सी ।।
कामद-सो कानन कपूर ऐसी धूरि लगै,
पट-सो पहार नदी लागत है नल-सी ।
घाम चाँदनी सो लगै चंद सो लगत रबि,
मग मखतूल-सो मही हूँ मखमल-सी ।।

पद्माकर के स्फुट छंदों में एक सवैया ऐसा है, जिसमें एक युवती कृष्ण पर जान देती है, यद्यपि वे उसके पति नहीं हैं । स्वभावतः लोक-लाज के मारे वह

ढँकी-मुँदी रही है, लेकिन प्रेम की पीड़ा सहते-सहते अब वह तंग आ चुकी है, इसलिए लोक-लाज को ठेंगा दिखाने का मन बनाती है—

धारत ही बन्यो ये ही मतो गुरु-लोगन को डर डारत ही बन्यो ।
हारत ही बन्यो हेरि हियो, पदमाकर प्रेम पसारत ही बन्यो ।।
वारत ही बन्यो काज सबै अब यों मुखचंद उघारत ही बन्यो ।
टारत ही बन्यो घूँघट को पट नंदकुमार निहारत ही बन्यो ।।

कहती है कि कृष्ण के प्रति प्रेम को धारण करते ही बनता है । इसी तरह गुरुजनों का डर छोड़ना ही है । मेरे हृदय का जो हाल है, उससे हार माननी ही है । अब प्रेम को अपने तक सीमित रखने से काम नहीं चलेगा । सारे काम छोड़ दूँगी और अपना मुँह भी नहीं छिपाऊँगी । मैंने निश्चय कर लिया है कि अपने घूँघट का पट हटाकर कृष्ण को मन-भर निहारूँगी । इस छंद में 'बन्यो' शब्द की अनेकशः आवृत्ति ने सौंदर्य उत्पन्न किया है । 'अब यों मुखचंद उघारत ही बन्यो' और 'टारत ही बन्यो घूँघट को पट' की माधुरी अपूर्व है । कहना मुश्किल है कि यह माधुरी कवि की कला से छलकी है या उसके भाव से । अगले कबित्त में जो युवती है, उसके पास सवेरे कृष्ण एक दूसरी युवती के साथ वक्त गुजारकर आए हैं । उनके गले का हार मर्दित है, वे अत्यधिक मद्य के नशे में हैं और उनके मुँह से कोई शब्द पूरा नहीं निकलता । जैसे रसीले उनके अंग हैं, वैसी ही सुगंध उनके चतुर्दिक् बिखर रही है । युवती उनसे कहती है कि जिस हाल में आप है, उसी में मुझे भी पहुँचाएँ । मैं यही चाहती हूँ । 'धपने' का अर्थ है 'दौड़ते' । तात्पर्य यह कि मेरी लाखों अभिलाषाएँ इसी ओर धावित हैं । आगे वह फरमाती है कि आपने अपनी आँखों के अनुराग के रंग में मेरी आँखों को बोर दिया है; अब आपकी आँखों में मद की जो लाली है, उसे मेरी आँखों में निचोड़ें । इस छंद में कहीं छिपा हुआ एक गहरा व्यंग्य भी है, जो इसे प्रभावशाली बनाता है । यह भी पद्माकर के स्फुट छंदों में से ही चुना गया है—

मरगजे हार बेसुमार बारुनी के बस,
आधे-आधे आखर सु ये हू भाँति जपने ।
कहै पदमाकर सु जैसे हैं रसीले अंग,
तैसी ही सुगंध की झकझोरन को झपने ।।
जैसे बनि आए आप, तैसी ही बनाओ मोहिं,
मेरो अभिलाष लाख ये ही भाँति धपने ।

लाल-दृग-कोरन में मेरे नैन बोरै, अब
कैधौं इन नैननि निचोरौ नैन अपने ।।

सूर ने अनेक पदों में कृष्ण की मुरली की महिमा बतलाई है, पर पद्माकर ने एक ही कबित्त में जैसे उसके पूरे प्रभाव को केंद्रित कर दिया है। वह कबित्त है–

आई संग आलिन के ननद-पठाई नीठि,
सोहति सोहाई सीस ईंगुरी सुपट की ।।
कहै पदमाकर गँभीर जमुना के तीर,
लागी घट भरन नबेली नेह-अँटकी ।।
ताही समै मोहन सु बाँसुरी बजाई,
ता में मधुर मलार गाई ओर बंसीबट की ।
तान लगे, लट की रही न सुधि घूँघट की,
घाट की न औघट की बाट की न घट की ।।

इस छंद में 'ननद-पठाई' में हलका-सा लोक-स्पर्श भी है, लेकिन इससे यह यथार्थवादी रचना नहीं हो जाती । गोपिका का कथन है कि वह मुश्किल से अपनी ननद द्वारा भेजी गई अपनी सखियों के साथ सुंदर लाल रंग की साड़ी पहनकर यमुना-तट पर पानी भरने के लिए आई है । यहाँ 'नीठि' का मतलब है 'कठिनता' से । यमुना का तट जल में डूबा हुआ है, फिर भी वह नई-नवेली कृष्ण के प्रेम में खोई हुई घड़ा भरने लगी । उसी समय वंशीबट की तरफ से उनकी बाँसुरी का स्वर सुनाई पड़ा, जिसमें वे बहुत मीठा मलार का राग बजा रहे थे । उसकी तान उसे बाण-सी लगी, फिर तो उसे न अपने बालों की लट की सुधि रही, न घाट की, न उस स्थान की दुर्गमता की, न मार्ग की और न अपने घड़े की ही । गोपिका की ऐसी तन्मयता को लोग शृंगार क्यों कहते हैं, समझ में नहीं आता है । एक सवैए में पद्माकर ने कृष्ण से गहन प्रेम करनेवाली एक गोपिका के स्वप्न देखने का सूक्ष्म वर्णन किया है । उसे भी हम सीधे शृंगार नहीं कह सकते । दरअसल शृंगार और प्रेम कब एक-दूसरे में संक्रमित हो जाते हैं, कहना मुश्किल है । छंद यों है–

काँपि रहै छिन सोवत हू कछु भाषिबो मो अनुसारि रही है ।
त्यों पदमाकर रंच रुमंचनि स्वेद के बुंदनि धारि रही है ।।

देषु दिखादिखी के सुख में तन की तनकौ न सँभार रही है ।
जानति हौं सखि सापने में नँदलाल कों नारि निहारि रही है ।।

एक गोपिका सोई हुई कृष्ण का स्वप्न देख रही है । इसे उसकी सखी, जो उसकी बगल में खड़ी है, नोट करती है । वह पाती है कि वह स्वप्न में उसी के समान बोलने की कोशिश कर रही है । वह अपनी दशा से उसकी दशा का अनुमान करती है । सोई हुई गोपिका के शरीर पर पसीने की बूँदें दिखलाई पड़ती हैं और उसे हलका रोमांच भी होता है । कृष्ण को देखने-दिखलाने के चक्कर में उसे अपने शरीर को सँभालने की भी सुधि नहीं रही । उसकी बगल में खड़ी सखी अपनी दूसरी सखी से कहती है कि मैं समझ रही हूँ, यह सपने में कृष्ण को एकटक निहार रही है ! एक युवती का वर्णन, जो कृष्ण का स्वप्न देखने के बाद जगी है, अवश्य पद्माकर ने शृंगारिक रूप में किया है । वह वर्णन कबित्त में है और इस रूप में है–

अधखुली कंचुकी उरोज अध-आधे खुले,
अधखुले बेष नख-रेखन के झलकैं ।
कहै पदमाकर नबीन अधनीबी खुली,
अधखुले छहरि छरा के छोर छलकैं ।।
भोर जगि प्यारी अध-ऊरध इतै की ओर
भाखी झिखि, झिरकि उचारि अध-पलकैं ।
आँखैं अधखुलीं अधखुली खिरकी है खुली,
अधखुले आनन पै अधखुली अलकैं ।।

इस छंद में 'अध' शब्द को पद्माकर ने पूरा निचोड़ा है, लेकिन उसके योग से बने अंतिम शब्द 'अधखुली' में भी, जो कि 'अलकैं' का विशेषण है, सरसता बनी रही है । निश्चय ही इसमें कवि और विषय दोनों का योगदान है । 'नीबी' कंचुकी की गाँठ है और 'छरा' इजारबंद, घाँघरे का । भोर में सुंदरी जगकर इधर-उधर देखती है, फिर उस तरफ जिधर कवि खड़ा है । वह थोड़ा झीखकर और जैसे झिड़ककर अधखुली पलकें लिए कुछ कहना चाहती है ! इस छंद में सब कुछ अधखुला है, पर इस अधखुले का सौंदर्य पूरी तरह खुला हुआ है ।

एक गोपिका अपने पति से विमुख कृष्ण की प्रतीक्षा कर रही है । वियोग में उसकी हालत खराब है । उसकी सखी उसके साथ है । वह उससे

कहती है कि सोचने पर भी पता नहीं चलता है कि फागुन के महीने में क्या बात है कि उसने मुझे अधीर बना रखा है । कितनी बार तुम मुझे वृंदावन से यहाँ ले आई हो । अब तुमसे अनुरोध है कि मुझे वहीं छोड़ आओ । तुम मेरी हितू हो, इसलिए तुमसे कह रही हूँ कि उस बेदर्द के दरवाजे पर होलिका-दहन के लिए जो लकड़ियों का ढेर लगा है, मेरी विरहाग्नि में से एक 'उलूक' अर्थात् चिनगारी लेकर तुम उसमें आग लगा आओ । प्यारी, मेरी इन आँखों के जल में अबीर घोलकर तुम उसमें पिचकारी डुबाओ और उसे चितचोर पर चला आओ । जाहिर है कि 'चितचोर' तो कृष्ण हैं ही, 'बेदर्द' भी वही हैं । छंद देखिए–

फागुन में का गुन बिचारि ना दिखाई देत,
एती बार लाई उन कानन में नाइ आउ ।
कहै पदमाकर हितू जौ है हमारी, तौ
हमारे कहे बीर वहि धाय लगि धाइ आउ ।।
जोरि जो धरी है बेदरद के दुआरे होरी,
मेरी बिरहागि की उलूकन लौं लाइ आउ ।
एरी इन नैनन के नीर में अबीर घोरि,
बोरि पिचकारी चित-चोर पै चलाइ आउ ।।

विरह-वर्णन पर आने से पहले एक रति-उपरांत का वर्णन, जिसके अंतिम चरण में आनेवाले चित्र की सभी विद्वानों ने दिल खोलकर दाद दी है–

आरस सों आरत सँभारत न सीस-पट,
गजब गुजारत गरीबन की धार पर ।
कहै पदमाकर सुगंध सरसावै सुचि,
बिथुरि बिराजैं बार हीरन के हार पर ।।
छाजति छबीली छिति छहरि छरा को छोर,
भोर उठि आई केलि-मंदिर के द्वार पर ।
एक पग भीतर सु एक देहरी पै धरे,
एक कर कंज, एक कर है किवार पर ।।

यह सुंदरी सुरतांत के आलस्य से आर्त है । सिर का वस्त्र भी नहीं सँभल रहा है । इस रूप में वह निरुपाय अथवा बेचारे लोगों के समूह पर जुल्म ढा रही है ! उसके चारों ओर सुगंध फैल रही है । बाल बिखरे हुए हैं और वे हीरों के हार पर लटक

रहे हैं । वह बहुत सुंदर लग रही है । उसके इजारबंद का छोर जमीन पर लहरा रहा है । सवेरे उठकर अपने विलास-कक्ष के दरवाजे पर आई है । उसका एक पाँव कक्ष में है और एक चौखट पर; एक हाथ में कमल है और एक हाथ किवाड़ पर है ! यह चित्र है । इस 'छंद' में जो 'गरीबन' शब्द आया है, उसका लाक्षणिक अर्थ ही लेना चाहिए । 'धार' का अर्थ है 'समूह' ।

पद्माकर के विरह-वर्णन की विशेषता है उसकी अपेक्षाकृत सरलता । हम इस सवैया से ही आरंभ करें—

बालम के बिछुरे ब्रजबाल को हाल कह्यौ न परै कछु ह्याँ हीं ।
च्वै-सी गई दिन तीन ही में तब औधि लौं क्यों बचिहै छबि-छाँहीं ।।
तीर-सो धीर समीर लगै पदमाकर बूझि हू बोलति नाहीं ।
चंद-उदौ लखि चंदमुखी मुखमंद ह्वै पैठति मंदिर माहीं ।।

यह छंद निस्संदेह सुंदर है, क्योंकि इसकी परिणति ऐसे चौथे चरण में हुई है, जिसमें सादगी का सौंदर्य देखने को मिलता है । कृष्ण के मथुरा जाने के बाद यह गोपिका इतनी बेचैन है कि चंद्रोदय को देखते ही उसकी मुख-प्रभा म्लान हो जाती है और वह अपने घर के अंदर चली जाती है । वह 'चंदमुखी' है, जो 'चंद-उदौ' को देखकर 'मुखमंद' हो जाती है और ऐसी जगह चली जाती है, जहाँ उसे फिर से चंद्रोदय न दिखलाई पड़े । यहाँ चंद्रमा विरहिनियों के लिए तो दुखदायी है ही, वह गोपिका को कृष्ण के मुख की भी याद दिलाता है । यहाँ 'चंद-उदौ' और 'चंदमुखी' का मेल ऐसा बैठा है कि एक बार फिर पद्माकर की विदग्धता का कायल होना पड़ता है । कवि कहता है कि कृष्ण से बिछुड़ने के बाद ब्रजबाला का हाल यहाँ पर कहते नहीं बनता है । 'ह्याँ हीं' का अर्थ है 'यहाँ पर'। वह बाला तीन दिनों में ही इतनी क्षीण हो गई है कि पूरी अवधि तक तो उसकी सुंदर काया की परछाईं भी नहीं बचेगी । उसे धीरे-धीरे चलने वाली हवा भी तीर की तरह लगती है और पूछने पर कुछ भी नहीं बोलती । अगला छंद कबित्त है—

साँझ के सलोने घन सबुज सुरंगन सों,
कैसे कै अनंग अंग-अंगनि सताउतौ ।
कहै पदमाकर झकोर झिल्ली-सोरन को,
मोरन को महत न कोऊ मन ल्याउतौ ।।

काहू बिरही की कही मानि लेतौ जो पै दई,
जग में दई तौ दयासागर कहाउतौ ।
पावस बनायो तौ न बिरह बनाउतौ,
जौ बिरह बनायो तौ न पावस बनाउतौ ।।

बरसात का मौसम है । विरहिनी नायिका कहती है कि संध्याकाल के साँवले और सब्ज रंग के बादलों के माध्यम से कामदेव मेरे अंग-अंग को कैसे दुःख पहुँचा रहा है, क्या कहूँ । एक तरफ झिल्ली शोर मचाए हुए है और दूसरी तरफ मोर, लेकिन कोई इस पर नहीं सोचता । यदि दैव ने विरही व्यक्ति का कहना मान लिया होता, तो वे दयासागर कहलाते । उन्होंने यदि वर्षा ऋतु बनाई, तो उन्हें विरह नहीं बनाना चाहिए था और यदि विरह बनाया, तो उन्हें वर्षा ऋतु नहीं बनानी चाहिए थी । इससे आगे सरलोक्ति, जो कवित्व से लबरेज हो, क्या होगी ?

तीसरे छंद में वियोग की मारी एक गोपिका चंद्रमा को कोसती है । उससे कहती है कि तुम समुद्र के पुत्र हो, लक्ष्मी के भाई हो और अमृत का आगार हो । इतना ही नहीं, तुम हिमालय के शीर्ष पर बसते हो, तारेश हो और कृष्ण के कुल के आदि-पुरुष हो, क्योंकि कृष्ण चंद्रवंशी हैं । फिर ब्रज की बिचारी नई विरहिनियों के मन में अपनी ज्वाला-सी ज्योत्स्ना से आग क्यों लगाते हो ? अंतिम चरण तो बहुत प्रसिद्ध है, जिसे पहली बार मैंने बिहार लोकसेवा आयोग के अध्यक्ष महान् गणितज्ञ प्रो. रामावतार शुक्ल से एक चाँदनी में संयोगवश उनके साथ सड़क से गुजरते हुए सुना था । उन्होंने चंद्रमा को देखकर उसे दुहराया था । तभी से वह मुझे याद था । स्वभावतः जब पद्माकर का यह पूरा छंद मिला, तो मैं चहक पड़ा । गोपिका चंद्रमा से कहती है कि ऐ मूर्ख, तुम्हें लज्जा भी नहीं आती । द्विजराज होकर भी तुम कसाई का काम करते हो । यह सुपरिचित तथ्य है कि चंद्रमा का एक पर्याय 'द्विज' भी है । छंद है—

सिंधु के सपूत सुत सिंधुतनया के बंधु,
मंदिर अमंद सुभ सुंदर सुधाई के ।
कहै पदमाकर गिरीस के बसे हौ सीस,
तारन के ईस, कुल-कारन कन्हाई के ।।
हाल ही के बिरह बिचारी ब्रजबाल ही पै,
ज्वाल-से जगावत जुआल-सी जुन्हाई के ।

ऐ रे मतिमंद चंद आवति न तोहि लाज,
ह्वै कै द्विजराज काज करत कसाई के ।।

चौथे छंद में उस परिवर्तन का वर्णन है, जो गोपिकाएँ कृष्ण-वियोग के बाद अनुभव करती हैं । एक गोपिका अपनी सखी से कहती है कि ऐसा लगता है कि शीतल-मंद-सुगंध वायु छल से हमें छू गई है, क्योंकि वह पहले वाली वायु नहीं थी । चाँदनी भी जो आसमान से उतरी है, उसका ढंग भी कुछ और ही मालूम होता है । कृष्ण से बिछुड़े हुए अभी ठीक से दो दिन भी नहीं बीते, वे और हम तथा वे और तुम वही हैं, लेकिन हमारे मन कुछ से कुछ हो गए हैं । इसमें सिर्फ 'बनिकै' शब्द आया है, जिसका अर्थ है 'भलीभाँति' । वह छंद सवैया है और इस प्रकार है—

सुभ सीतल मंद समीर सुगंध कछू छल-छंद से छ्वै गए हैं ।
पदमाकर चाँदनी चंदहू के कछु औरनि डौरन च्वै गए हैं ।।
मनमोहन सों बिछुरे इत ही बनिकै न अबै दिन द्वै गए हैं ।
सखि वे हम वे तुम वे ही बने पै कछू के कछू मन ह्वै गए हैं ।।

अंतिम छंद में गोपिकाएँ कृष्ण से शिकायत भी करती हैं, अपनी बेचैनी का इजहार भी करती हैं और अपने भाग्य को दोष भी देती हैं । एक गोपिका कहती है : कृष्ण कुब्जा के साथ रति-केलि में पड़ गए हैं, इसलिए यहाँ आना-जाना भी छोड़ दिया है । उसकी विवशता है कि बिना उन्हें देखे यह दुनिया ही उसे अच्छी नहीं लगती है । लेकिन वह अपनी सखी से कहती है कि जब अपने भाग्य में ही ऐसा लिखा हुआ है, तो उन्हें क्या दोष दें । यदि वसंत में भी करील की डाल में पत्ते नहीं निकलते, तो इसमें वसंत का क्या दोष ? यह उक्ति बहुत मौके पर आई है, जिसकी सटीकता की तारीफ करते ही बनती है । इस उक्ति में जो सुंदर-सा 'उलहै' शब्द आया है, उसका अर्थ 'प्रस्फुटित होना' से संबंधित है,—

कान्ह पगै कुबजा के कलोलनि डोलनि छोड़ दई हर भाँती ।
माधुरी मूरत देखे बिना पदमाकर लागै न भूमि सोहाती ।।
का कहिए उन सों सजनी यह बात है आपने भाग समाती ।
दोष बसंत को दीजै कहा उलहै न करील की डारन पाती ।।

उपर एक छंद उद्धृत किया जा चुका है, जिसमें लोक-स्पर्श देखने को

मिलता है । जैसा कि आचार्य द्विवेदी ने लिखा है, रीतिकाल के सारे कवि निम्न श्रेणियों से आते थे और राजाओं-महाराजाओं के यहाँ आश्रय पाने की इच्छा रखते थे, इसलिए उन्होंने अलग से काव्यशास्त्र और कामशास्त्र का ज्ञान प्राप्त किया था । जो हो, इतना तय है कि लोक-संस्कृति से उनका आत्यंतिक अलगाव कभी नहीं हुआ । यही कारण है कि अपनी कविता में एक फैंटेसी की दुनिया बनाते हुए भी कभी-कभी उसमें लोक-संस्कृति ताक-झाँक कर बैठती थी । यह बात और है कि वह भी फैंटेसी की दुनिया का ही अंग हो जाती थी । पद्माकर में लोक और फैंटेसी का यह मिश्रण देखिए—

बारी बहू मुरझानी बिलोकि जिठानी करै उपचार कितीको ।
त्यों पदमाकर ऊँची उसास लखें मुख सास को ह्वै रह्यौ फीको ।।
एकै कहै इन्हैं डीठि लगी, पर भेद न कोऊ लहै दुलही को ।
ह्वै कै अजान जो कान्ह सों कीन्हों गुमान भयो वहै ज्यान है जी को ।।

नई उम्र की बहू अनुभवहीन थी, सो वह कृष्ण से मान कर बैठी । वही मान आज उसके लिए महँगा पड़ रहा है । कवि ने यहाँ 'ज्यान' शब्द का प्रयोग किया है, जिसका अर्थ है 'हानिकारक'। अब नई बहू को बुरी तरह उदास देखकर उसकी जेठानी कितने प्रकार का उपचार करती है, लेकिन कोई उपचार उस पर कारगर नहीं होता । उसकी ऊँची उसाँसें देखकर उसकी सास के चेहरे का रंग भी उड़ गया है । एक कहती है कि इसे नजर लग गई है, पर नई बहू की उदासी का भेद किसी को नहीं पता चल पाता । एक छंद में पद्माकर ने जैसे एक लोकोक्ति का प्रयोग किया है । छंद है :

सीख न मानी सयानी सखीन की यौं पदमाकर कीनी मनै की ।
प्रीति करी तुम सों बजि कै सु बिसारि करी तुम प्रीति घनै की ।।
रावरी रीति लखी इमि साँवरे ! होति है संपति ज्यों सपने की ।
साँच हू ताको न होत भलो जो न मानत है कही चार जने की ।।

इस गोपिका को दूसरी बात का पछतावा है । कहती है, मैंने समझदार सखियों की बात नहीं मानी और अपने मन की की । कृष्ण से फरमाती है कि मैंने डंके की चोट पर तुमसे प्रेम किया, इस बात को भुलाकर कि तुमसे प्रेम करना उस बादल से प्रेम करना है, जो पपीहे पर पत्थर अर्थात् ओले बरसाता है । तुम्हारा तौर-तरीका तो ऐसा है कि उसे स्वप्न में देखी गई संपत्ति समझना चाहिए । सचमुच उसका

कभी भला नहीं होता, जो चार लोगों की कही गई बातें नहीं मानता है ।

पद्माकर भी मथुरास्थ शाखा के वैष्णव थे, अतः उनकी प्रेम और शृंगार-भावना भी भक्ति से नितांत शून्य नहीं है । अधिकांश रीतिकवियों ने भक्ति के छंद भी रचे हैं, जिन्हें उनके शेष काव्य से अलग करके नहीं देखना चाहिए । हम विकट किस्म के विभाजनवादी हैं, जिसका तात्पर्य है कि हम हर चीज को सरलीकृत करके समझना चाहते हैं, जबकि कोई चीज सरल नहीं होती । जिसे हम सरल समझते हैं, वह भी जटिल होती है । हम मुक्तिबोध की पंक्ति याद करें : 'फिक्र से फिक्र लगी हुई है' । पद्माकर ने भक्ति के जो छंद कहे हैं, उनमें से हम यहाँ एक ही छंद उद्धृत कर रहे हैं, जो बहुत ही प्यारा है और जिससे कवि के तेवर का पूरा अंदाजा लग जाता है । चित्रात्मकता तो इसमें असाधारण कोटि की है ही, आह्लादयुक्त भक्तिभाव भी इससे छलक-छलक पड़ता है । यह छंद भी पद्माकर के स्फुट छंदों में से ही लिया गया है—

देखु पदमाकर गोबिंद की अमित छबि,
संकर समेत बिधि आनँद सों बाढ़ो है ।
झिझिकत झूमत मुदित मुसुकात गहि
अंचल को छोर दोऊ हाथन सों आढ़ो है ।।
पटकत पाँव होत पैजनी झुनुक रंच,
नेक-नेक नैनन तें नीर-कन काढ़ो है ।
आगे नंदरानी के तनिक पय पीबे काज,
तीनि लोक ठाकुर सो ठुनुकत ठाढ़ो है ।।

इसमें हिंदी वालों के लिए एक ही अपरिचित शब्द आया है—'आढ़ो है', जिसका अर्थ है 'पकड़ रखा है' ।

घनानंद : लौकिक-अलौकिक का संधिस्थल

हंगरी के युवा शोधकर्ता इमरै बंघा ने अकाट्य प्रमाणों से यह सिद्ध किया है कि घनानंद का असली नाम 'आनंदघन' था, बावजूद इसके कि अपने छंदों में उन्होंने उनकी लय के आग्रह से 'घनआनँद', 'अनंदघन', 'आनँदघन', 'आनंदधन' और कभी--कभी 'सुजान' की भी छाप लगाई है । 'सुजान' कृष्ण का भी एक विशेषण है और सत्रहवीं-अठारहवीं शताब्दी के साहित्य में यह 'प्रिय' के संबोधन के लिए भी प्रयुक्त होता था । घनानंद में 'आनंद' से संबंधित नाम आम तौर पर प्रिय या प्रिया के विशेषण के रूप में प्रयुक्त हुए हैं । इसके अलावा वे जब कभी किसी कविता में प्रथम पुरुष में बोलते हैं, तो वह अधिकतर नायक या नायिका का वचन होता है ।

घनानंद मुगल बादशाह मुहम्मद शाह 'रंगीले' के दरबार में मीरमुंशी थे और उसकी सुजान नामक एक मुसलमान नर्तकी पर प्रेमासक्त थे । वे गाते बहुत अच्छा थे, इसलिए बादशाह ने एक बार उनसे गाने का आग्रह किया, पर उन्होंने न गाया । बाद में जब सुजान ने उनसे आग्रह किया, तो उन्होंने बादशाह की ओर पीठ और उसकी ओर मुँह करके तन्मय होकर गाया । बादशाह इसे अपना अपमान समझकर उनसे नाराज हो गया और उन्हें दरबार से निकाल दिया । उन्होंने सुजान को भी अपने साथ चलने को कहा, पर उसने इनकार कर दिया, जिससे उन्हें वैराग्य उत्पन्न हुआ । ज्ञातव्य है कि मुहम्मद शाह से संबंधित किसी प्रामाणिक दस्तावेज में न मीरमुंशी के रूप में घनानंद का उल्लेख है, न उसकी नर्तकियों में सुजान या सुजानराय का । बंघा ने इसका समाधान यह कहकर किया है कि वे दरबार के कोई छोटे मुंशी रहे होंगे, क्योंकि मीरमुंशी का ओहदा बहुत

बड़ा होता था। 'सुजान' के बारे में मेरा अनुमान है कि घनानंद ने लोकापवाद के भय से अपने छंदों में मुसलमान नर्तकी का नाम बदल दिया होगा और उपरिउल्लिखित कारणों से 'सुजान' शब्द को अपना लिया होगा। इसके अलावा एक तथ्य यह भी है कि 'जान' और 'सुजान' उर्दू साहित्य में भी 'प्रिया' या 'माशूक' के लिए प्रचलित संबोधन है।

दरबार से निकाले जाने के बाद घनानंद वृंदावन पहुँचे और वहाँ निंबार्क-संप्रदाय के गुरु वृंदावनदेवाचार्य से दीक्षा प्राप्त की। निंबार्क-संप्रदाय में सखी-भाव से कृष्ण की उपासना का प्रचलन था। घनानंद को सांप्रदायिक नाम भी दिया गया था—'बहुगुणी', जिसका प्रयोग भी उन्होंने अपनी कुछ भक्तिपरक रचनाओं में किया है। उनके भक्तिपरक पदों का संग्रह 'पदावली' है, जिसमें परिशिष्ट के करीब ढाई सौ छंदों को छोड़कर कुल आठ सौ बारह पद हैं। ताज्जुब नहीं कि भारतेंदु से लेकर वियोगी हरि तक ने उन्हें भक्त कवि माना है। वियोगी हरि ने अपने द्वारा संपादित प्रसिद्ध संकलन 'ब्रजमाधुरी-सार' में उनके 'आनंदघन' नाम का प्रयोग किया है और उनके प्राय: भक्तिमूलक छंद ही दिए हैं। घनानंद की मृत्यु बहुत त्रासद ढंग से हुई। अहमदशाह अब्दाली के हमले में उसके सैनिकों ने ब्रजभूमि में ही उन्हें तलवार से मौत के घाट उतार दिया।

प्रस्तुत लेख में शुरू से अंत तक 'आनंदघन' नाम का प्रयोग न कर 'घनानंद' नाम का ही प्रयोग किया गया है, क्योंकि उनका यही नाम प्रचलित है। दूसरी बात यह कि इसमें विचारार्थ जो छंद लिए गए हैं, वे 'घनानंद-कवित्त' और 'सुजानहित' से। मेरा ध्यान चूँकि घनानंद की प्रेमपरक कविताओं पर रहा है, क्योंकि उन्हीं में उनका काव्योत्कर्ष प्रकट हुआ है, इसलिए मैंने उनकी भक्तिपरक कविताओं को बिलकुल छोड़ दिया है। ज्ञातव्य है कि 'घनानंद-कवित्त' में मुख्य रूप से उनके कबित्त और सवैए ही संकलित हैं, क्योंकि उस समय 'कबित्त' शब्द कबित्त, सवैया और छप्पय इन तीनों के लिए व्यवहृत होता था। इसलिए पं. विश्वनाथप्रसाद मिश्र का कहना है कि तुलसीदास की 'कवितावली' का मूल नाम 'कबित्तावली' रहा होगा। 'सुजानहित' की स्थिति 'घनानंद-कवित्त' से भिन्न नहीं है। दोनों में दोनों ही के छंद मिलते हैं। जो छंद उद्धृत किए गए हैं, वे उपर्युक्त कथन के अनुसार प्रेमपरक हैं, पर उनमें अप्रकट रूप में भक्ति भी मिलती है, क्योंकि 'जान' या 'सुजान' कब कवि की प्रेमिका रहती है और कब वह नाम कृष्ण का वाचक हो जाता है, सहसा पता नहीं चलता। कृष्ण को लेकर प्रेम क्या शृंगारपरक छंद भी लिखे गए हैं, पर बंधा ने आगे बढ़कर यहाँ तक कहा है कि

'लौकिक प्रेम को अलौकिक प्रेम से अलग न मानना हिंदी साहित्य में आनंदघन का विशिष्ट योगदान है ।' वैसे प्रेम में दरअसल लौकिक-अलौकिक का विचार ही गलत है । मुख्य है प्रेम । रसखान के शब्दों में–

आनँद अनुभव होत नहिं बिना प्रेम जग जान ।
कै वह विषयानंद के कै ब्रह्मानंद बखान ।।

यह सुपरिचित तथ्य है कि घनानंद पर फारसी या सूफी प्रेम-प्रणाली का असर था, जिसमें इश्कमिजाजी के माध्यम से इश्कहकीकी तक पहुँचना एक आम बात है और जो उर्दू के अनेक शायरों में देखने को मिलता है । वली भी इश्क को ही महत्त्व देते हैं और कहते हैं–

शग़ल बहतर है इश्क़बाज़ी का ।
क्या हक़ीक़ी क्या मजाज़ी का ।।

घनानंद को केवल 'प्रेम की पीर का कवि', या 'प्रेम के पपीहे', या 'ब्रजभाषा-प्रवीण' कहना अपर्याप्त है । जरूरत है इस बात की कि कविता में उनकी निजस्वता पर उँगली रखी जाए और यथासंभव उसका कारण बतलाया जाए । इस लेख में उसी की ओर केवल संकेत करने का प्रयास किया गया है ।

घनानंद ने रूप-वर्णन भी किया है और संयोग-वर्णन भी, लेकिन ये दोनों ही संक्षिप्त हैं और प्रधान है प्रेमजनित विरह-वर्णन ही । स्वभावत: मेरे ध्यान में भी वही रहा है । फिर भी पहले हम रूप-वर्णन और संयोग-वर्णन से संबंधित दो-चार छंद देख लें, पर उसके पहले एक-दो बातें और ।

घनानंद की एक प्रसिद्ध उक्ति है : "लोग हैं लागि कबित्त बनावत मोहिं तौ मेरे कबित्त बनावत" । समकालीन आलोचक की चमक-दमक भरी भाषा में इसका भाष्य देखिए : "अन्य कवि जहाँ अपनी कविता का कारण स्वयं होते हैं, वहाँ घनानंद ऐसे कवि थे, जिनका निर्माण स्वयं उनकी कविता करती थी । तात्पर्य यह कि उनके व्यक्तित्व का निर्माण कविता द्वारा ही होता था, न कि अज्ञेय के शब्दों में कविता उनके 'व्यक्तित्व का घनीभूत रस' थी । घनानंद में उनके व्यक्तित्व और कविता में कार्य और कारण का संबंध था । जहाँ वह संबंध कारण और कार्य का होगा, वहाँ श्रेष्ठ कविता का जन्म नहीं हो सकता ।" विश्वनाथजी ने इस उक्ति के उत्तरार्ध को ठीक ही लाक्षणिक मानकर उसका सरल अर्थ किया है–'मेरी कविता का उद्‌गार स्वाभाविक है ।' वस्तुत: घनानंद के छंद नितांत

स्वाभाविक नहीं हैं, क्योंकि उनमें उत्कृष्ट कलात्मकता और चमत्कार है। दरअसल कविता केवल अचेतन मन की देन नहीं है। उसकी रचना-प्रक्रिया में अचेतन और चेतन दोनों का ऐसा रासायनिक सम्मिश्रण होता है कि कहना मुश्किल होता है कि किसने किसको अतिक्रांत किया है। घनानंद का छंद 'अति सूधो सनेह को मारग है' कुछ अधिक ही प्रसिद्ध है। मैं इसकी अंतिम पंक्ति की ओर ध्यान दिलाना चाहता हूँ, जिसके उत्तरार्ध में एक गोपिका कृष्ण से कहती है : 'मन लेहु पै देहु छटाँक नहीं'। इसमें 'मन' और 'छटाँक' में कलात्मकता और चमत्कार स्पष्ट है। कहने की जरूरत नहीं कि ये दोनों ही क्रमशः अधिकता और न्यूनतासूचक पुरानी तौल हैं।

वैसे तो घनानंद की कविता के सारे उपादान रीतिकाल के अन्य कवियों वाले ही है, लेकिन उनका कोई छंद ऐसा नहीं है, जिसकी एक न एक उक्ति में अनूठापन न हो। कभी- कभी उनमें बिलकुल नए प्रयोग भी मिलते हैं। तुकों की दृष्टि से वे खास तौर से ध्यातव्य हैं, क्योंकि अनेक बार उनकी तुकें बहुत नाजुक होती हैं, जिनका वे अत्यंत सफलतापूर्वक निर्वाह करते हैं। आगे उद्धृत किए जानेवाले छंदों के बीच-बीच में हम उनकी यह विशेषता देखेंगे।

जैसा कि ऊपर संकेत किया जा चुका है, सबसे पहले हम उनके रूप-वर्णन से संबंधित दो-तीन छंद देखें। एक छंद में एक गोपिका के सौंदर्य का चित्रण है, जिसकी अंतिम पंक्ति के उत्तरार्ध में एक ऐसे शब्द का प्रयोग हुआ है, जो इस छंद को विलक्षणता प्रदान करता है। छंद कबित्त है। देखिए—

लाजनि लपेटि चितवनि भेद-भाय भरी
लसति ललित लोल चख तिरछानी मैं।
छवि को सदन गोरो भाल बदन रुचिर,
रस निचुरत मीठी मृदु मुसक्यानी मैं।
दसन दमक फैलि हियें मोती माल होति,
पिय सो लड़कि प्रेम-पगी बतरानि मैं।
आनँद की निधि जगमगति छबीली बाल,
अंगनि अनंग-रंग ढुरि, मुरि जानि मैं।

गोपिका लजा रही है, लेकिन उसकी दृष्टि रहस्यपूर्ण है। वह दृष्टि चंचल भी है और तिरछी भी। तुलसीदास के शब्दों में वह 'छबि-गृह' है। गौरवर्ण ललाट और सुंदर मुखड़ा। हलके-से मुसकुराती है, तो लगता है कि रस निचुड़ रहा है।

जब प्रस्फुटित हास्य में उसकी दंतावलियाँ खुल जाती हैं, तो उनकी छाया उसके हृदय पर मोतियों की माला-सी प्रतीत होती है । यह कृष्ण की दीवानी है, इसलिए बहुत ललक के साथ उनसे बातें करती है । यह आनंद के कोष-सी जगमगाती है । जब यह मुड़ती है, तो लगता है कि उसके अंगों से अनंग का रंग ढरक जाता है ! यहाँ मुझे कुमारसम्भव का एक प्रसंग याद आता है । शिव ब्रह्मचारी का वेश धारण कर पार्वती के पास पहुँचे, क्योंकि उन्हें अपने प्रति उनके प्रेम की परीक्षा लेनी थी । पार्वती अपनी एक सखी के साथ बैठी हुई थीं । वे वहाँ पहुँचकर धाराप्रवाह शिव की निंदा करने और उन्हें यह बतलाने लगे कि वे तुम-जैसी सुंदरी के योग्य नहीं हैं । शिव की निंदा सुनते-सुनते जब पार्वती का कोप चरम उत्कर्ष पर पहुँच गया, तो वे उठ खड़ी हुईं और अपनी सखी से कहा—इस ब्राह्मण से कह दो कि वह अब शिव की निंदा न करे, अथवा मैं ही यहाँ से हट जाती हूँ । इसके बाद जाने के लिए वे झटके से मुड़ीं, तो उनके उरोज पर से वल्कल खिसक गया । फिर तुरत उस ब्रह्मचारी ने आगे बढ़कर उन्हें पकड़ लिया । पार्वती ने देखा, तो पाया कि वे तो साक्षात् शिव थे ! यहाँ 'मुड़ने' पर ध्यान दिया जाना चाहिए । दूसरा छंद सवैया है और प्रसिद्ध भी है । इसमें और भी बातें हैं, पर असल चीज तुकों की नजाकत है, जिसका जिक्र मैं ऊपर कर आया हूँ । छंद है—

झलकै अति सुंदर आनन गौर, छके दृग राजत काननि छ्वै ।
हँसि बोलन मैं छबि फूलन की बरषा उर ऊपर जाति है ह्वै ।
लट लोल कपोल कलोल करै, कल कंठ बनी जलजावलि द्वै ।
अँग-अंग तरंग उठै दुति की, परिहे मनौ रूप अबै धर च्वै ।।

इस गोपिका का सुंदर मुख दीप्ति की झलक मार रहा है । आँखें मदोन्मत्त हैं और कानों को छू रही हैं । हँसते हुए बोलती है तो लगता है कि उसके वक्ष पर फूलों की वर्षा हो रही है । बोलने में उसका शरीर हिलता है, तो उसके कपोलों पर बालों की चंचल लटें हिलने लगती हैं और उसके गले की दो लड़ियों की मोतियों की माला भी हिचकोले खाने लगती है । उसके अंग-अंग से प्रकाश की तरंग उठ रही है और रूप का क्या कहना ? लगता है, वह अभी धरती पर चू पड़ेगा ! इसमें जो 'जलजावलि' शब्द आया है, उसमें 'जलजा' का अर्थ है 'मोती' और 'अवलि' का 'लड़ी' ।

अब स्वयं राधा का यह रूप वर्णन द्रष्टव्य है । यह छंद पुनः कबित्त है—

एड़ी तें सिखा लौं है अनुठियै अँगेट आछी,
रोम-रोम नेह की निकाई मैं रही री सनि ।
सहज सुछबि देखें दबि जाहिं सबै बाम,
बिन ही सिंगार औरै बानिक बिराजै बनि ।
गति लै चलनि लखें मतिगति पंगु होति,
बरसति अंगरंग-माधुरी बसन छनि ।
हँसनि-लसनि घनआनँद जुन्हाई छाय,
लागै चौंध चेटक अमेट-ओपी भौंहैं तनि ।।

नख से लेकर शिख तक राधा की अंग-दीप्ति अपूर्व है । उसका रोम-रोम स्नेह की स्निग्धता में सना हुआ है । उसका सौंदर्य सभी सुंदरियों से बढ़कर है । बिना श्रृंगार किए ही उसकी भेष-भूषा जैसे और हो गई है । चलती है तो लगता है कि मति की गति पंगु हो गई और उसके वस्त्रों से छनकर अंगों के रंग का माधुर्य अनवरत बाहर आ रहा है ! हँसती है तो लगता है कि चाँदनी छिटक गई और भृकुटि चढ़ाती है, तो एक जादुई चकाचौंध फैल जाती है । कहने की आवश्यकता नहीं कि इस छंद की तुकें भी नाजुक हैं और 'बरसति अंग-रंग माधुरी बसन छनि' तो एकदम आधुनिक प्रयोग है । इसी तरह भृकुटि तनने पर जादुई चकाचौंध फैल जाना भी असाधारण सौंदर्य का सूचक है । घनानंद ने संयोग-वर्णन बहुत कम किया है । मैं नीचे एक ऐसा छंद उद्धृत कर रहा हूँ, जिसमें कृष्ण की दीवानी गोपिका उनके करीब भी है और 'तारे' और 'तारे' की शब्द-क्रीड़ा भी । यह भाषा-विज्ञान का साधारण तथ्य है कि हिंदी क्षेत्र में 'ल' और 'र' के बीच विपर्यय होता रहता है । इसी न्याय से अंतिम 'तारे' का अर्थ है 'ताले' । यह सवैया है और 'सुजानहित' का पहला ही छंद—

रूपनिधान सुजान सखी जब तें इन नैननि नेकु निहारे ।
दीठि थकी अनुराग-छकी मति लाज के साज-समाज बिसारे ।
एक अचंभौ भयौ घनआनँद हैं नित ही पल-पाट उघारे ।
टारे टरैं नहीं तारे कहूँ सु लगे मनमोहन-मोह के तारे ।।

यह तो स्पष्ट है कि घनानंद मुक्त श्रृंगार का वर्णन कभी अपवादस्वरूप ही करते हैं । वह भी इससे ज्यादा शायद ही कभी कि विरहिनी कहती है कि मेरे अंग-अंग को अनंग सता रहा है ! प्रस्तुत छंद में कृष्ण पर फिदा एक गोपिका अपनी सखी

से कहती है कि सुजान यानी कृष्ण रूप के आगार तो हैं ही, जब से उन्हें देखा है, आँखें प्रेम से भर गई हैं और बुद्धि ने समाज की चिंता छोड़ दी है । एक आश्चर्य यह हुआ है कि पलक का कपाट हमेशा खुला ही रहता है । आँखों के तारे कृष्ण से हटते नहीं हैं, जैसे उन्होंने उन पर मोह के ताले लगा दिए हों ! अंतिम दो पंक्तियाँ निश्चय ही अनूठी हैं । अंतिम पंक्ति में पाठक लोग यमक अलंकार देखेंगे, लेकिन उसका पूरा आनंद उसे कवि की शब्द-क्रीड़ा समझने में ही है ।

अब विरह-वर्णन । एक कबित्त में घनानंद 'गुड़ी लौं उड्यौ रहै' को ले उड़े हैं । कृष्ण की प्रेमिका कहती है कि उसका मन प्रेम के नीर से सिक्त है, तब भी वह पतंग की तरह उड़ता रहता है–

आस ही अकास मधि अवधि गुनै बढाय
चोपनि चढ़ाय दीनौ कीनौ खेल सो यहै ।
निपट कठोर ये ही ऐचत न आप ओर
लाड़िले सुजान सों दुहेली दसा को कहै ।
अचिरजमई मौहिं भई घनआनँद यौं
हाथ साथ लाग्यौ पै समीप न कहूँ लहै ।
बिरह समीर की झकोरनि अधीर, नेह-
नीर भीज्यौ जीव तऊ गुड़ी लौं उड्यो रहै ।।

कृष्ण मथुरा चले गए हैं । बार-बार लौटने का संदेशा भिजवाते हैं, लेकिन आते नहीं । स्वभावतः उनके विरह की मारी एक गोपिका उनसे कहती है कि अवधि की सीमा बढ़ाते-बढ़ाते आपने पतंग की तरह मुझे आकाश के मध्य में पहुँचा दिया है । मेरी उमंगें भी बहुत बढ़ गईं, पर आप आए नहीं । यह तो आपका खेल था । मैं दुःखावस्था में पड़ी हुई हूँ और आप डोर को अपने हाथ से नहीं खींचते । आश्चर्य तो यही है कि मैं आपके हाथ से जुड़ी हुई हूँ, लेकिन आप से दूर हूँ । इसमें विरह की वायु मुझे झकझोर रही है । मेरा मन नेह-नीर से आर्द्र है, तथापि पतंग की तरह आकाश में उड़ रहा है । पाठकों को बिहारी का सुंदर दोहा 'उड़ी गुड़ी लखि लाल की' याद होगा । यहाँ घनानंद ने सिर्फ पतंग के उड़ने का वर्णन किया है, जिसकी नियति यह है कि वह कृष्ण से जुड़ी होकर भी उनसे काफी दूर है और जल से तर-ब-तर होने के बावजूद ऊपर आकाश में हवा के झकोरे खाती हुई चक्कर लगा रही है । अब एक ऐसी गोपिका का हाल देखें, जो कृष्ण के प्रेम में पड़कर रुसवा भी हुई है और उसे वे हासिल भी नहीं हुए ! बेचारी

कहती है—

जान के रूप लुभाय कै नैननि बेंचि करी अधबीच ही लौंडी ।
फैलि गई घर बाहिर बात सु नीकैं भई इन काज कनौंडी ।
क्यौं करि थाह लहै घनआनँद चाह-नदी तट ही अति औंडी ।
हाय दई ! न बिसासी सुनै कछु है जग बाजति नेह की डौंडी ।।

गोपिका कहती है कि मेरी आँखों को कृष्ण के रूप का लोभ हुआ, सो रूप-द्रव्य की प्राप्ति के लिए उन्होंने बीच में ही मुझे बेचकर उनकी दासी बना दिया । बात चारों तरफ फैल गई और मैं बुरी तरह बदनाम हो गई । अब उनके प्रति मेरे मन में जो चाह है, उसकी नदी इतनी गहरी है कि किनारे पर ही डूबने का खतरा है । हे दैव, उस विश्वासघाती को कुछ सुनाई नहीं पड़ता, जबकि सारे संसार में उसके प्रति मेरे प्रेम की डौंड़ी बज रही है !

घनानंद मूलतः विरहावस्था के ही कवि हैं । इसलिए उन्हें 'प्रेम का पपीहा' कहा गया है, जो स्वाती नक्षत्र का जल पीने के लिए रटता रहता है और उसके बदले अमृत भी मिले, तो उसका पान नहीं करता है । तुलसीदास का दोहा प्रसिद्ध है : 'बध्यौ बधिक पर्‌यौ पुन्य जल, उलटि उठाई चोंच ।/तुलसी चातक प्रेम पट, मरितहुँ लगी न खोंच ।।' घनानंद के एक छंद में भी इसका एक संदर्भ आया है । विद्वानों ने उनकी कविता में विरोध का सौंदर्य देखा है । लेकिन हमें उनमें विरोध या विरोधाभास अलंकार न देखकर उनके कथन की गहराई पर ध्यान देना चाहिए । कहना व्यर्थ है कि वे विलक्षण और अति सूक्ष्म भाव-दशा के चितेरे थे । अभी आप यह कबित्त देखें, जिसमें कृष्ण के प्रेम में तप रही एक गोपिका अपनी सखी से कहती है—

जेतो घट सोधौं पै न पाऊँ कहाँ आहि सौ धौं
को धौं जीव जारै अटपटी गति दाह की ।
धूम कों न धरै, गात सीरो परै ज्यौं ज्यौं जरै
ढरै नैन-नीर बीर हरै मति आह की ।
जतन बुझे हैं सब जाकी झट आगें अब
कबहूँ न दबै भरी भभक उमाह की ।
जब तें निहारे घनआनँद सुजान प्यारे
तब तें अनोखी आगि लागि रही चाह की ।।

मैं कितना भी अपने शरीर में खोजती हूँ, पर मुझे अपने को जलाने वाली अग्नि का पता नहीं चलता । उससे धुआँ भी नहीं उठ रहा है । शरीर एक ओर जल रहा है और दूसरी ओर ठंढा पड़ता जा रहा है । आँखों से आँसू बह रहे हैं और आह भरने की स्थिति भी नहीं रही । इस ज्वाला को बुझाने के सारे प्रयत्न व्यर्थ गए । उमंग से भभकती हुई यह आग दबने का नाम नहीं ले रही है । जब से प्यारे कृष्ण को देखा है, प्रेमाकांक्षा की यह अनोखी आग मुझमें लगी हुई है । आप कहें, क्या प्रेमाग्नि के इस दाह को सिर्फ उक्ति के विरोध में घटाकर समझा जा सकता है ? अगले कबित्त में घनानंद एक नई स्थिति का वर्णन करते हैं । कृष्ण का संदेशा लेकर कोई व्यक्ति एक प्रेम-विह्वला गोपिका के पास पहुँचा है । वह उस व्यक्ति से कहती है कि कृष्ण जहाँ भी गए, उनके पथ पर बिछी मेरी आँखों पर पाँव रखकर ही । तुम घबराओ नहीं और अपने फेंटे को छोड़कर जरा आराम से बैठो । मुझे तुमसे उस विश्वासघाती के बारे में बहुत कुछ पूछना है । आखिर उस निर्दय को मेरी याद कैसे आई ? मुझ गरीबिनी को उसने कैसे पत्र लिखा, यह तुम मुझे बताओ । फिर कृष्ण के प्रति यह कठोर उक्ति देखें, जो गोपिकाओं के प्रसंग में शायद ही गलत हो । उक्त गोपिका उस संदेशवाहक से कहती है कि वह तो झूठ में पारंगत है और प्रेम में अपरिपक्व है । मैं तुमसे उसके कितने गुण गिनाऊँ ? 'झूठ की सचाई छाक्यौ त्यौं हित-कचाई पाक्यौ' यह उक्ति अलंकार-प्रेमियों को चहका देनेवाली है । पर वे यह नहीं सोचते कि उनके गलत जगह पर बल देने से काव्य-प्रमियों को कैसे भटकाव का शिकार होना पड़ेगा ? कबित्त है—

जहाँ ते पधारे मेरे नैननि ही पाँव धारे
वारे ये बिचारे प्रान पैंड पैंड पर मनौ ।
आतुर न होहु हाहा नेकु फेंटि छोरि बैठो
मोहिं वा बिसासी का है ब्यौरो पुछिबो घनौ ।
हाय निरदई को हमारी सुधि कैसें आई
कौन बिधि दीनी पाती दीन जानि कै भनौ ।
झूठ की सचाई छाक्यौ त्यौं हित-कचाई पाक्यौ
ताके गुनगन घनआनँद कहा गनौ ।।

एक सवैए में घनानंद ने एक ऐसी बात कही है, जो आधुनिक कवि ही कह सकता था । वह कृष्ण से कहती है कि तुम मेरी स्थिति की कल्पना तभी कर सकते हो, जबकि क्षण-भर के लिए अपने-आप से अलग होकर सोचो । तुम

हमेशा दूसरे का मन ले लेते हो, पर प्यारे, अपना मन किसी को देना नहीं जानते। तुमने सपने में भी दु:ख नहीं देखा, न संकोच और सोच को कभी जाना। तुम तो आनंद में मतवाले हो, फिर तुम संयोग और वियोग और उसके भेद को क्या जानो ! वह तो तभी संभव है जबकि तुम अपने से तटस्थ होकर विचार करो। सवैया निम्नलिखित है–

लै ही रहे हौ सदा मन और को दैवो न जानत जान दुलारे।
देख्यौ न है सपनेहूँ कहूँ दुख, त्यागे सँकोच और सोच सुखारे।
कैसौ सँयोग बियोग धौं आहि फिरौ घनआनँद ह्वै मतवारे।
मो गति बूझि परै तबही जब होहु घरीकहूँ आप ते न्यारे।।

अब एक विक्षिप्त गोपिका का हाल देखिए। उसकी एक सखी कृष्ण से कहती है कि उसकी बुद्धि हिरा गई है, स्मृति लुप्त हो गई है, कभी रोती है और कभी हँसती है। उसकी उन्माद की स्थिति है। कभी चुप हो जाती है, कभी चकित होकर इधर-उधर देखने लगती है और कभी अंड-बंड बकने लगती है। उसका शरीर दाह से दग्ध है। मैं चिंतित हूँ कि वह आपके प्रेम में सराबोर हो गई है या उसे प्रेत लग गया है। 'हेत पक्यौ किधौं प्रेत लग्यौ है'। इसमें भी 'हेत' अर्थात् 'प्रेम' और 'प्रेत' का अनुप्रास बहुत मोहक है, पर हमारा ध्यान गोपिका के प्रेम की भयावहता पर जाना चाहिए। मेरे साथ एक लड़की शोध करती थी। वह एक युवक के प्रेम में दीवानी हो गई। लड़की तो कुँआरी थी, लेकिन युवक, जो मेरा मित्र था, विवाहित ही नहीं, दो बच्चों का पिता भी था। उक्त लड़की के प्रेम की वह भी उपेक्षा नहीं कर सका और वह भी उससे उसी तरह प्रेम करने लगा। लड़की उस युवक की स्थिति जानती थी, इसलिए पागल कर देनेवाले द्वंद्व की स्थिति में थी। अंततः उसने उसे एक पत्र लिखा, जिसमें उससे कहा कि 'मेरी स्थिति उस छात्र की है, जो रात-भर जगकर एक Sum बनाता है और सवेरे पाता है कि उत्तर गलत है।' मेरे मित्र ने मुझे वह पत्र पढ़ाया था। उस लड़की का वह वाक्य अभी तक मेरी स्मृति में सुरक्षित है। घनानंद का निम्नलिखित सवैया पढ़ने के बाद वह अचानक मुझे याद आ गया, इसलिए मैंने उसका उल्लेख कर दिया है। उसकी स्थिति से शायद एक पुराने कवि द्वारा वर्णित स्थिति को समझने में मदद मिले। वह स्थिति घनानंद के निम्नलिखित छंद में वर्णित है–

खोय दई बुधि, सोय गई सुधि, रोग हँसे, उन्माद जग्यो है।
मौन गहै, चकि चौकि रहै, चलि बात कहै, तन दाह दग्यो है।

जानि परै नहिं, जान ! तुम्हैं लखि ताहि कहा कछु आहि खग्यो है ।
सौचनि ही पचिए, घनआनँद हेत पग्यौ किधौं प्रेत लग्यो है ।।

इसमें प्रयुक्त 'खग्यो' का अर्थ 'सामने' से और 'पचियै' का अर्थ 'परेशान होने' से संबंधित है । अब एक कबित्त—

बिकच नलिन लखें सकुचि मलिन होति,
ऐसी कछू आँखिन अनोखी उरझनि है ।
सौरभ समीर आएँ बहकि दहकि जाय,
राग भर हिय मैं बिराग मुरझनि है ।
जहाँ जान प्यारी रूप गुन को न दीप लहै
तहाँ मेरे ज्यौं परै बिषाद गुरझनि है ।
हाय अटपटी दसा निपट चटपटी सों
क्यौं हूँ घनआनँद न सूझै सुरझनि है ।।

यह कबित्त स्वयं कवि की ओर से अपनी प्रेमिका सुजान को संबोधित है । वह कहता है कि मेरा यह हाल है कि मेरी आँखें प्रस्फुटित कमल को देखकर संकोच से मलिन हो जाती हैं । इनमें कुछ ऐसी उलझन आ गई है । सुगंधित वायु का झोंका मुझमें अग्नि भड़का जाता है और प्रेम से भरा हुआ हृदय मन में विराग उत्पन्न होने के कारण मुरझा जाता है । प्यारी सुजान, जहाँ तुम्हारे रूप-गुण के दीपक का प्रकाश नहीं है, वहाँ मेरा विषाद और बढ़ जाता है और उसमें गाँठ पड़ जाती है । हाय, मेरी यह बेढंगी दशा बहुत प्रबल है । मैं लाख-लाख उपाय करता हूँ, पर उलझन सुलझती नहीं । मैं किस तरह इसे सुलझाऊँ ?

एक छंद में गोपिका सीधे कृष्ण को संबोधित करती है । कहती है कि पपीहा हर हाल में स्वाती को ही चाहता है । उसके जल को छोड़कर उसे अमृत भी विष के समान है । ऐसा दृढ़ है उसका व्रत । कमल को देखिए, वह सूर्य के प्रकाश से ही खिलता है । उससे भिन्न प्रकाश ज्वाल-रूप में भी उसके लिए अंधकारतुल्य है । तुम मुझे चाहो या न चाहो, यह विषम प्रेम मेरे रोम-रोम में रमा है । मेरे लिए तो तुम ही एक हो, लेकिन तुम्हारे लिए तो मुझ-जैसी अनेक हैं । भला चाँद को कहीं चकोर की कमी हुई है ? छंद है :

चातिक चुहल चहुँ ओर चाहै स्वाति ही कों,
सूरे पनपूरे जिन्हैं विष सम अमी है ।

प्रफुलित होत भान के उदोत कंजपुंज
ता बिन बिचारनि हीं जोति-जाल तमी है ।
चाहौ अनचाहौ जान प्यारे पै अनंदघन
प्रीति-रीति विषम सु रोम-रोम रमी है ।
मोहिं तुम एक तुम्हैं मो सम अनैक आहिं
कहा कछू चंदहि चकोरन की कमी है ।।

इस छंद की अंतिम दो पंक्तियाँ कितनी स्वाभाविक और सरल हैं, कहना व्यर्थ है । इन्हें फिर से देखिए–'मोहिं तुम एक तुम्हैं मो सम अनैक आहिं/कहा कछू चंदहि चकोरन की कमी है ।'

घनानंद की एक विशेषता यह भी है कि और कवियों ने जहाँ प्रेम के बारे में प्रायः परंपरा से प्राप्त ज्ञान के आधार पर लिखा है, वहाँ उनके लिए वह स्वानुभूत था । कहा जा सकता है कि प्रेम को लेकर रीतिकाव्य का और कोई कवि उनकी तरह बदनाम नहीं हुआ । एक तो मुसलमान वेश्या से प्रेम करना और दूसरे उसे कृष्ण का और कृष्ण को उसका पर्याय बना देना यह बहुत बड़े औघड़पन का प्रमाण था । स्वभावतः इसका इतना विरोध हुआ कि उनकी कविताओं को निम्न कोटि की बतलाकर उन्हें फारसी से चुराया हुआ कहा गया और उनके विरोध में 'भड़ुआ छंद' रचे गए । विरोधियों ने उन्हें वैष्णव मानने से इनकार किया और अहमदशाह अब्दाली के सैनिकों को उनका पता बतलाकर उन्होंने ही उन्हें मरवाया भी । लेकिन धीरे-धीरे वह समय भी आया, जब उनकी कविताएँ ढूँढ़-ढूँढ़ कर इकट्ठी की जाने लगीं और उनका संकलन ही नहीं, प्रकाशन भी होने लगा । आज वे रीतिकाल के कवियों में बिहारी के बाद सर्वाधिक समादृत हैं । यह सब लिखने का तात्पर्य यह है कि उनकी कविता जिसकी भी जुबानी कही जाए और जिसको भी संबोधित हो, उसमें प्रेम की वह ज्वाला दिखलाई पड़ती है, जो उनके हृदय में धधक रही थी । अब यह कबित्त देखिए, जिसमें एक गोपिका अपनी असाधारण विरह-पीड़ा का वर्णन कर रही है । कहती है कि मेरी छाती में विरह का जो घाव लगा है, उसके बारे में न पत्र में खुद लिख सकती हूँ, न किसी दूसरे से लिखा सकती हूँ । अपनी उँगलियों से लिखने की कोशिश करती हूँ, तो वे जैसे चीखकर चलने से इनकार कर देती हैं । प्रेम की यह दशा ज्वाला-समूह की तरह है, जिसमें वे भी झुलस गई हैं । प्यारे सुजान, यदि यह कहो कि मैं पत्र के चक्कर में न पड़कर तुम्हें मौखिक

संदेशा ही भिजवा दूँ, तो उसे सुननेवाले को अपने कानों को आवाँ बनाना होगा । हृदय में ऐसी आग लगी है कि स्नेह से सिक्त बातें जीभ पर आकर जैसे मशाल की लपटें बन जाती हैं । पूरा कबित्त इस प्रकार है–

पाती-मधि छाती-छत लिखि न लिखाए जाहिं,
काती लै बिरह घाती कीने जैसे हाल हैं ।
आँगरी बहकि तहीं पाँगुरी किलकि होति
ताती राती दसनि के जाल ज्वाल-माल हैं ।
जान प्यारे, जौब कहूँ दीजिये सँदेसो तौब
आँवाँ समय कीजियै जु कान तिहि काल हैं ।
नेह-भीजी बातैं रसना पै उर-आँच लागै
जागैं घनआनँद ज्यों पुंजनि मसाल हैं ।।

एक सवैए में एक गोपिका अपनी सखी से कहती है कि जब कोई मुझसे पूछता है कि जब तुम्हारे प्रिय तुम्हारे मन में ही निवास करते हैं, तो तुम सुखानुभूति क्यों नही करती ? मैं क्या कहूँ, मेरी पीड़ा देखकर वे भी दाँतों तले उँगली दबाते हैं, जो विरह की आँच में अच्छी तरह तप चुके हैं । वस्तुस्थिति यह है कि मैं कृष्ण के बिना रात-दिन जो दुःख भोग रही हूँ, उसे उन-जैसी स्वच्छंद प्रकृति वाला व्यक्ति क्या जाने ? उसको तो बस वे रातें और दिन ही समझ सकते हैं, जिन्हें मैं झेलती हूँ । यदि मैं भी अपनी जुबानी उसे कहूँ, तो सच्चाई और उसके बखान के बीच वैसा अंतर पड़ जाएगा, जैसा स्वयं रात और दिन के बीच है । सवैया है–

कंत रमै उर-अंतर में सु लहै नहीं क्यौं सुखरासि निरंतर ।
दंत रहैं गहैं आँगुरी ते जु बियोग के नेह तचे परतंतर ।
जो दुख देखति हौं घनआनँद रैन-दिना बिन जान सुतंतर ।
जानैं वेई दिन-राति, बखाने तें जाय परै दिन-राति को अंतर ।।

कभी-कभी घनानंद के मन में आता है कि मैं तो कृष्ण से प्रेम करने को अपनी आत्मा से बाध्य हूँ, लेकिन वे मुझसे क्यों प्रेम करें ? चाँद चकोर को चाहे और स्वयं स्वाती पपीहा को खोजती चले, यह असंभव है । सूर्य की एक पत्नी त्रसरेणु भी थी, लेकिन वे कभी उसके प्रति प्रेम-प्रदर्शन नहीं कर पाते थे । मतलब यह कि सूर्य त्रसरेणु के अंतःपुर में आएँ और मछली पर कृपालु होकर स्वयं समुद्र उसके पास पहुँच जाए, यह भी नहीं हो सकता । कवि गोपिका के

माध्यम से कृष्ण से कहता है कि हे कृपानिधि, तुम यदि मुझसे प्रेम करो, तो वह ऐसा ही है, जैसे कुबेर अपनी इच्छा से किसी दरिद्र को अपने अंक में बैठा लें ! देखिए—

चंद चकोर की चाह करै, घनआनँद स्वाति पपीहा कौं धावै ।
त्यों त्रसरैनि के ऐन बसै रवि, मीन पै दीन ह्वै सागर आवै ।
मोसों तुम्हैं सुनौ, जान कृपानिधि, नेह निबाहिबो यों छबि पावै ।
ज्यौं अपनी रुचि राचि कुबेर सु रंकहि लै निज अंक बसावै ।।

अगले कबित्त में स्वयं घनानंद अपने मन को समझा रहे हैं कि तू गरल से भी बढ़कर विष का पान कर रहा है, जिससे रात-दिन तू अपने शरीर में अपने प्राण को घोंटता रहता है । इतना ही नहीं, प्रेम के क्षेत्र में अपनी साँसों को चूर्ण-विचूर्ण कर धूलि के रूप में मिला रहा है और पाँव रोपकर सीने पर विष-बाण झेलने को तैयार है । यदि प्यारे सुजान तुम्हारी ओर उन्मुख नहीं होते, तो तू भी उनकी दृष्टि के आघात को भूल जा । दूसरे को आहत करके उनकी तो छाती ठंढी होता है और तू उससे संतप्त होता है । तू मान ले कि 'तेरे बाटें आयो है अँगारनि पै लोटिबो' । वह कबित्त है—

गरल-गुमान की गरावनि दसा को पान
करि-करि द्यौस-रैनि प्रान तन घोटिबो ।
हेत-खेत धूरि चूरि-चूरि साँस, पाँव राखि
विष-समुदेग-बान आगें उर ओटिबो ।
जान प्यारे जौ न मन आनैं तौ अनंदघन
भूलि तू न सुमिरि परेखैं चख चोटिबो ।
तिन्है यों सिराति छाती तोहि वै लगति ताती,
तेरे बाँटें आयो है अँगारनि पै लोटिबो ।।

घनानंद के छंदों का चतुर्थ चरण भी चमत्कारी हो सकता है, हालाँकि यह जरूरी नहीं है । लेकिन जब कभी ऐसा होता है, उसे ऊपर की गई कवि की अभिव्यक्ति की चरम परिणति समझना चाहिए, जैसा पहले भी कहा जा चुका है ।

अभी जो छंद उद्धृत किया जा रहा है, उसमें कवि सीधे सुजान को संबोधित करता है । कहता है कि मुझ-जैसे प्रेमी से संपूर्ण सृष्टि को सहानुभूति है, लेकिन तुम ही मुझसे मुँह फेरे हुई हो । आकाश में लहकनेवाली विद्युत् भी जैसे

मेरे विषाद से भरी हुई है । वही हाल पपीहे की पुकार का है । और तो और, वन की वीथियों में दु:ख से दग्ध पवन भी रट लगाए फिरता है । यह जो बरसा की बूँदें दिखलाई पड़ती हैं, वे तो प्रिय सुजान, तुम्हारे विरह में पड़े प्रेमी को देखकर मेघों की आँखों से झरने वाले आँसू हैं । छंद है–

बिकल बिषाद-भरे ताहीं की तरफ तकि,
दामिनिहूँ लहकि बहकि यौं जर्‌यो करै ।
जीवन-अधार-पन-पूरित पुकारनि सौं,
आरत पपीहा निति कूकनि कर्‌यौ करै ।
अथिर उदेग-गति देखि कै अनंदघन,
पौन बिडर्‌यौ सो बनबीथिन रर्‌यौ करै ।
बूँदैं न परतिं मेरे जान जान प्यारी, तेरे
बिरही कों हेरि मेघ आँसुनि झर्‌यौ करै ।।

निश्चय ही इसमें 'पौन बिडर्‌यौ सो बनबीथिम रर्‌यौ करै' का शब्द-संयोजन असाधारण है, यद्यपि यह उक्ति अंतिम चरण के पहले आई है । घनानंद की स्थिति यह है कि वे सुजान की चरण-धूलि के लिए भी तरस रहे हैं । एक कबित्त में उनकी तरफ से एक गोपिका पवन से कहती है कि तुम्हारी गति सब जगह है, बस मुझे तुम्हें अपनी हालत से द्रवित कर देना है, फिर तुम मेरे काम का बीड़ा उठा लोगे । तुम जगत्प्राण हो । छोटे-बड़े सभी तुम्हारे लिए समान हैं । तुम दु:खियों के लिए सुखद और यों भी आनंद के आगार हो । मेरे सुजान अर्थात् कृष्ण, जो अत्यंत गुणी हैं, सारी मोह-माया भुलाकर अन्यत्र मेरी ओर पीठ किए बैठे हैं । तुम उनके चरणों की थोड़ी-सी धूलि ला दो । उसी को मैं अपनी आँखों में लगाकर उन्हें देखने के लिए उनकी ललक से निजात पा लूँगी । वही चरण-धूलि मेरी संपूर्ण विरह-व्यथा को दूर करनेवाली जड़ी है ! छंद यह है :

ऐ रे बीर पौन, तेरो सबै ओर गौन, बीड़ी
तो सो और कौन मनें ढरकौंहीं बानि दै ।
जगत के प्रान ओछे बड़े सों समान घन-
आनँद-निधान, सुखदान दुखियानि दै ।
जान उजियारे गुन-भारे अंत मोही प्यारे
अब ह्वै अमोही बैठे पीठि पहचानि दै ।

बिरह-बिथाहि मूरि आँखिन में राखौं पूरि
धूरि तिन पायनि की हाहा ! नेकु आनि दै ।।

मैं एक प्रेमी को जानता हूँ, जो अपनी प्रेयसी को इतना चाहता था कि वह जिस रास्ते से गुजरती थी, उस रास्ते की धूल अपने सिर-आँखों से लगा लेता था, अत: घनानंद के कथन में अतिशयोक्ति नहीं है ।

निराला ने जानकीवल्लभ शास्त्री की एक पुस्तक पर इस तरह की सम्मति दी थी : 'भाषा जैसे चाँदनी रात और भाव जैसे दूर पर पपीहा पुकार रहा हो ।' मैं पटना कालेज में दाखिला लेने के पहले गाँव पर था और गर्मी के दिनों में अक्सरहा घर के सामने के खुले हुए सहन में सोता था । मेरा गाँव आम के बगीचों से घिरा हुआ है, सो इस दृश्य का मैं प्रत्यक्ष द्रष्टा और भोक्ता हूँ । कहने की आवश्यकता नहीं कि यह दृश्य कितना मनमोहक था । अब तो शहर की चकाचौंध में चाँदनी दिखलाई ही नहीं पड़ती है और पपीहे तो प्राय: समाप्त हो चुके हैं, इसलिए उनकी बोली 'पी कहाँ ?' सुनने को जी तरस जाता है । जमाने के बाद दो-तीन वर्ष पहले मैं एक सिलसिले में शांतिनिकेतन गया, तो संयोग से वसंत ऋतु थी और पेड़ों पर कहीं कोयल कूक रही थी और कहीं पपीहा बोल रहा था । मजा यह कि ये दोनों लगातार बोल रहे थे । मैं हर्षित हो-होकर इस भूले हुए दृश्य को अपनी स्मृति में बसाता रहा । घनानंद के समय ऐसी बात नहीं थी । उस समय रात-अधरात पपीहा लगातार बोलता ही रहता था । एक सवैए में विरह-व्यथित एक गोपिका कहती है कि अचानक आधी रात में पपीहा 'पी कहाँ ?' की रट लगाने लगता है । उस समय मैं वियोग की ज्वाला से दग्ध हो जाती हूँ । वह बिना धनुष के ही कानों के माध्यम से अपनी बोली के बाणों से कलेजे को बेध देता है । बहुत परेशान होती हूँ कि उससे कैसे बचूँ, लेकिन वह जैसे टकटकी लगाकर मुझी को देखता रहता है । वे अर्थात् कृष्ण परदेश में जाकर बैठे हैं और यहाँ यह पापी पपीहा मेरे पीछे पड़ा है । पपीहे का ऐसा सरल और वेधक रूप शायद ही किसी रीतिकवि ने अंकित किया हो । सवैया है—

बैरी बियोग की ऊकनि जारत कूकि उठे अचकाँ अधरातक ।
बेधत प्रान बिना ही कमान सु बान-से बोल सों कान ह्वै घातक ।
सोचनि ही पचियै बचियै कित डोलत मो तन लाएँ महा तक ।
वे घनआनँद जाय छए उत पैडें पर्यौ इत पातकी चातक ।।

कहा जा चुका है कि घनानंद के प्रत्येक छंद की किसी न किसी उक्ति में अनूठापन देखने को मिल जाता है । निम्नलिखित कबित्त का अंतिम चरण भी ऐसा ही है । विरहिनी कहती है कि कृष्ण का रूप मोहित करनेवाला है, जिससे मन मोहित होकर महामोह की दशा को प्राप्त कर जाता है । यह हृदय का अनोखा लगाव है । बिछुड़ने पर मिलने की इच्छा होती है है और मिलने पर बिछुड़ने का खटका लगा रहता है । वह अपनी सखी को सुनाती है कि प्रेम की यह पीड़ा असाध्य है। उसे दूर करने के लिए खोज-खोजकर जो भी यत्न करती हूँ, वही रोग बन जाता है । मैं उन्हें देखूँ या नहीं, पर मन उन्हीं से चिपका रहता है । ऐसी गति तो लोहे और चुंबक की भी नहीं होती । लोहा चुंबक के सामने आने पर ही उससे खिंचता है, जबकि यहाँ अनदेखे ही मेरा मन कृष्ण से अँटका हुआ है । यह एक उदाहरण गोपिका के प्रेम को अकूत गहराई प्रदान कर देता है । छंद :

मोहन अनूप रूप सुंदर सुजान जू को
ताहि चाहि मन मोहि दसा महा मोह की ।
अनोखी हिलग दैया बिछुरै तौ मिल्यौ चाहै
मिलेहू मैं मारै जारै खरक बिछोह की ।
कैसे धरौं धीर बीर अति ही असाधि पीर
जतन ही रोग याहि नीके करि टोह की ।
देखें अनदेखें तहीं अटक्यौ अनंदघन
ऐसी गति कहौ कहा चुंबक औ लोह की ।।

घनानंद ने कबित्त तो लिखे ही हैं, सवैए भी अच्छी संख्या में रचे हैं । स्वभावतः आगे जो भी उदाहरण मिलेंगे, वे प्रायः सवैए के । एक सवैए में उन्होंने रूपक अलंकार का बहुत सुंदर निर्वाह किया है । गोपिका की सखी कृष्ण से कहती है कि आपके विरह के आँसू वर्षा ऋतु के जल की भाँति हैं, जिससे वह विरहिनी लता की तरह लहलहा उठी है । हृदय-रूप छप्पर के ऊपर उमंगों की कोपलों के फैलने से उसकी लज्जा एकदम ढँक गई है । लता हवा के झोंके से झूमती है, यह आपके वियोग की मारी गोपिका का लोक-लाज को अँगूठा दिखलाते हुए मस्ती से घूमना-फिरना है । आप पर मैं बलिहार जाती हूँ, थोड़ी-सी ममता दिखलाकर उस निर्बला को देखिए, जो आपके विरह में तरोई के फूल की तरह पीली पड़ गई है,—

अँसुवानि तिहारे बियोग ही सों बरषा रितु बेलि सी बाल भई ।
हिय खोपनि चोपनि कोंपनि झालरि लाज के ऊपर छाय गई ।
घनआनँद जान सदा हित झूमनि-घूमनि देखियै नित्त नई ।
बलि नेकु मया करि हेरौ हहा अबला किधौं फूलि रही तुरई ।।

अगले सवैए में भाष्यकारों ने 'परजन्य' शब्द के साथ बहुत खींचतान की है और उसका अर्थ 'परोपकार के लिए जन्म लेनेवाला' बतलाया है, जबकि इसका सीधा अर्थ है 'बादल' । विरहिनी मेघ को अपना संदेशवाहक बनाना चाहती है और उससे कहती है कि तुमने तो दूसरों के काम के लिए ही देहधारण किया है । उसी रूप में मेरे सामने आओ । तुम तो इतने भले हो कि समुद्र के खारे जल को भी अमृत के समान बना देते हो । तुम जीवनदाता हो, कुछ मेरे हृदय का भी स्पर्श करो । कभी तो उस विश्वासघातिनी सुजान के आँगन में मेरे आँसुओं को लेकर बरसा दो । सभी काव्य-प्रेमियों को इस छंद की अंतिम पंक्ति प्रिय है और वे उसे अक्सरहा दुहराते रहते हैं । अब पूरा सवैया देखिए--

पर काजहि देह कों धारि फिरौ परजन्य जथारथ ह्वै दरसौं ।
निधि नीर सुधा के समान करौ सब ही बिधि सज्जनता सरसौ ।
घनआनँद जीवनदायक हौ कछू मेरियौ पीर हियें परसौ ।
कबहूँ तो बिसासी सुजान के आँगन मो अँसुवानहि लै बरसौ ।।

सावन आनेवाला है । विरह में पड़ी गोपिका अपनी सखी से कहती है कि मेरे मन में प्रिय के आगमन की इच्छा से उमंगें उठ रही हैं । लेकिन वे परदेश में बैठे हुए हैं ! ऐसा लगता है कि ब्रह्मा ने मेरे भाग्य में उनके द्वारा साज-सँभाल के बदले मुझे भूलना ही लिखा है । बूँदें पड़ने लगी हैं, जिनसे उलटे मेरे अंग जल रहे हैं । यह मेरे पाप का ही फल है, जो मैं प्रत्यक्ष देख रही हूँ । यह तो सुना था कि हवा से आग जगती है, लेकिन आँखों से यह देख रही हूँ कि पानी से भी आग लगती है ! पाठक मानेंगे कि यह अत्यंत सरल, अनूठी और मर्मवेधक उक्ति है । सवैया—

सावन आगम हेरि सखी मानभावन आवन चोप बिसेखी ।
छाए कहूँ घनआनँद जान सम्हारि की ठौर लै भूलनि लेखी ।
बूँदें लगैं सब अंग दगैं उलटी गति आपने पापनि पेखी ।
पौन सों जागति आगि सुनी ही पै पानी तें लागति आँखिन देखी ।।

अगला सवैया भी ऐसा ही है । विरहिनी गोपिका कहती है कि पहली मुलाकात में कृष्ण ने मुझे जिस तरह देखा, उससे मैंने मान लिया कि उन्होंने मुझे अपना लिया । आज वह मानना ही मेरे सभी महान् दुःखों का कारण हो गया है । उन्होंने इधर जो प्रेम किया, उसका वैर उधर जाकर निकाल रहे हैं । मेरा प्राण-हरण करने से उन्हें क्या लाभ हो रहा है? इसका लोभ उन्होंने क्यों किया? फिर वह चरम निराशा में आकर उनसे कहती है कि मैं आपसे एक प्रश्न पूछती हूँ, आप उत्तर दें या न दें । आपको पाकर हमने सब कुछ खो दिया, लेकिन मुझे खोकर आपने क्या पाया? यह सादा-सा सवाल बड़े से बड़े निष्ठुर प्रेमी को अपने किए पर सोचने के लिए बाध्य कर देनेवाला है । सरलता की मार ऐसी ही अमोघ होती है । छंद है–

पहिलें पहचानि जु मानि लई अब तौ सु भई दुखमूल महा ।
इत के हित बैर लियौ उत ह्वै करि ज्यौ हरि ब्यौहरि लोभ लहा ।
घनआनँद मीत सुनौ अरु ऊतर दूर ते देहु न देहु हहा ।
तुम्हैं पाय अजू हम खोयौ सबै हमैं खोय कहौं तुम पायौ कहा ।।

घनानंद का एक छंद वसंत पर है । कवियों ने कामदेव के सहायक के रूप में वसंत का बहुत वर्णन किया है । इस छंद में भी वसंत उसी रूप में वर्णित है, लेकिन इसमें वह बहुत कुछ स्वतंत्र है । विरहिनी कहती है कि उसने अपने तूणीर में हृदय को बेधने वाले अच्छे-अच्छे फूलों के बाण सजा रखे हैं । फूलों का ही धनुष भी है । उसने उसे चौगुनी उमंग से अपने हाथों में सँभाल लिया है और हवा के घोड़े पर चढ़कर औरतों का शिकार करने के लिए निकला है । उसे यह भी पता नहीं है कि शिकारी मादाओं का शिकार नहीं करते । वह वियोगिनी कृष्ण से कहती है कि आप आनंदरूप हैं, इसलिए आप ही उससे मेरी रक्षा कर सकते हैं–

नीके नए अति जी के लगौहैं सुधारे हैं तून प्रसून के सायक ।
चैगुनी चोपनि तैसोई चाप चहौरि दै हाथ सज्यौ भटनायक ।
पौन तुरंग चढ़्यौ बनि यौं बनितानि अहेरैं कढ़्यौ दुखदायक ।
हौ घनआनँद जान कहाँ रितुराज भयौ रतिराज सहायक ।।

हवा के घोड़े पर सवार और फूलों के घनुष पर फूलों का ही बाण चढ़ाए विरहिनी सुंदरियों का शिकार करने निकलना–यह चित्र अमूर्त को मूर्त कर देनेवाला है,

इस पर हमारा ध्यान जाना चाहिए । एक दूसरे छंद में विरहिनी गोपिका ही कृष्ण से कहती है कि आप मेरे अंतःकरण में रहते हैं, या अन्यत्र, मुझे यह पता नहीं चलता । मैं अपनी आँखें फाड़कर चारों ओर देखती हूँ, तो अपने को अभाग्यों से घिरी हुई ही पाती हूँ । अब मैं क्या करूँ, आग में जल मरूँ, या पानी में डूब जाऊँ, मैं कैसे अपने हृदय को धैर्य बँधाऊँ? जब आपको इस तरह छिपे रहना ही पसंद है, तो अपनी पीड़ा पर मेरा कोई वश नहीं । मैं तुम्हें कहाँ पाऊँ? पृथ्वी में समा जाऊँ या आकाश को चीड़ डालूँ? 'पाऊँ कहाँ हरि हाय तुम्हैं धरनी मैं धँसौं कि आकासहि चीरौं' इस सरलोक्ति से विरहिनी की चरम व्याकुलता का अंदाजा लगाया जा सकता है—

अंतर हौ किधौं अंत रहौ दृग फारि फिरौ कि अभागिनि भीरौं ।
आगि जरौं अकि पानि परौं अब कैसी करौं हिय को बिधि धीरौं ।
जो घनआनँद ऐसी रुची तौ कहा बस हैं अहो प्राननि पीरौ ।
पाऊँ कहाँ हरि हाय तुम्हैं धरनी मैं धँसौं कि अकासहि चीरौं ।।

अब यह छंद देखिए—

तब तौ छबि पीवत जीवत हे अब सोचन लोचन जात जरे ।
हिय-पोष के तोष जु प्रान पले बिललात सु यों दुख-दोष-भरे ।
घनआनँद प्यारे सुजान बिना सब ही सुख-साज-समाज टरे ।
तब हार पहार से लागत हे अब आनि कै बीच पहार परे ।।

ऊपर एक छंद में हम घनानंद की शब्द-क्रीड़ा देख चुके हैं । उसमें विद्वानों के लिए गुंजायश थी, क्योंकि 'तारे' और 'तारे' में यमक अलंकार था, लेकिन इस छंद में कवि की जो शब्द-क्रीड़ा है, 'पहार' शब्द को लेकर, उसमें विद्वानों के लिए कोई गुंजायश नहीं है, क्योंकि यहाँ न यमक है, न श्लेष अलंकार । यहाँ दोनों 'पहारों' का एक ही अर्थ है—'पहाड़' । लेकिन निश्चय ही यह पाठकों को आनंद देनेवाला है । इस छंद में कवि कृष्ण से सुजान के बारे में अपनी पीड़ा का आख्यान करता है । कहता है कि तब तो मेरी आँखें उसके रूप का पान करके जीवित रहती थीं, अब वे चिंता के मारे जली जाती हैं । उसने अपने प्रेम से मेरे प्राणों का जो पोषण किया था, वे अब दुःखी होकर बिलला रहे हैं । आनंदरूप प्यारे कृष्ण, सुजान के बिना सारे सुख जाते रहे । पहले हम दोनों एक-दूसरे के छाती से लगते थे, तो उसके गले का हार पहाड़-जैसा व्यवधान लगता था, लेकिन

अब हम दोनों के बीच पहाड़-जैसा दुर्लंघ्य अवरोध आ गया है । बात की बात और चमत्कार का चमत्कार ! यह है घनानंद की एक छोटी-सी विशेषता । रीति-कवियों ने प्रायः उद्दीपन के रूप में चाँदनी का वर्णन किया है । जहाँ उन्होंने स्वतंत्र रूप में उसका या शेष प्रकृति का वर्णन किया है, वहाँ भी विद्वानों ने उसे उद्दीपन के खाते में डाल दिया है । हमें घनानंद के इस चाँदनी-वर्णन को स्वतंत्र रूप में लेना चाहिए, क्योंकि उद्दीपन कोई चीज नहीं है, असल चीज है प्रकृति के प्रति कवि की संवेदना और उसके चित्रण की क्षमता । ये दोनों इस छंद में असाधारण रूप में दिखलाई पड़ती हैं, यद्यपि कहने के लिए चाँदनी में उद्दीपित होने वाली एक नायिका भी इसमें है । लेकिन उन उलझाऊ बातों को छोड़कर आप सीधे वर्णन का साक्षात्कार करें—

फैलि परी धर अंबर पूरि मरीचिनि-बीचिनि-संग हिलोरति ।
भौंर-भरी उफनाति खरी सु उपाव की नाव तरेरति तोरति ।
क्यौं बचियै भजियै घनआनँद बैठि रहें घर पैठि ढँढोरति ।
जोन्ह प्रलै के पयोनिधि लौं बढ़ि बैरिनि आज बियोगिनि बोरति ।।

चाँदनी धरती से लेकर आकाश तक को भरती हुई फैली हुई है । वह समुद्र की तरह है, जिसमें चंद्र-किरणों की हिलोरें उठ रही हैं । उसमें भँवरें उठती और उफनाती हैं । उससे पार जाने के लिए जो उपायरूपी नाव तैयार की जाती है, उसे उसके थपेड़े तोड़ देते हैं । विरहिनी कहती है कि इससे बचना मुश्किल है, इसलिए घर में छिपकर ही कोई युक्ति ढूँढ़नी चाहिए । लेकिन यह बैरिन ज्योत्स्ना प्रलय के पयोनिधि की तरह आज वियोगिनी को डुबो रही है ! यह चाँदनी का प्रचंड वर्णन तो है ही, विरहिणी की भी गहन भावदशा का वर्णन है ।

अब घनानंद के दो स्वप्न-वर्णन भी देखें । विरहिनी सोई हुई थी । उसने स्वप्न में देखा कि कृष्ण आए हैं और मेरी सौतों से बचकर एकांत में मुझे अपनी भुजाओं में लेकर मेरी सारी चिंताओं और शोकों का निवारण कर दिया है । इसी समय बेचारी की आँख खुल जाती है । वह अपनी आँख को बददुआ देती हुई कहती है कि वह मेरी दुश्मन जल मरे, जिसने मेरी पलकों के बंद पटों को खोल दिया । वह अपनी सखी से कहती है कि आज सोए में मेरा भाग्य जगा । मैं अपनी इस रात पर करोड़ों दिनों को न्योछावर करती हूँ । इसी रात अचानक मेरे प्रेमी सुजान मेरे हृदय में अवतरित हुए !—

सोवत भाग जगे सजनी दिन कोटिक या रजनी पर वारे ।
नेहनिधान सुजान सजीवन औचक ही उर-बीच पधारे ।
सौतिन तें पिय पाय इकौसें भरे भुज सोच-सकोच निवारे ।
बैरिनि दीठि जरौ घनआनँद यौं जिनि लै पल-पाट उघारे ।।

स्वप्न से संबंधित दूसरा छंद कबित्त है । इसमें गोपिका अपने से कहती है कि अब स्वप्न की संपत्ति भारी दुःख में बदल गई है । हाय, अपने प्रेमी से मिलने का वह आनंद पता नहीं कहाँ चला गया ? मैं स्तब्धता से श्लथ हूँ, मेरे पूरे शरीर में जड़ता व्याप रही है और मेरी पीड़ा जग पड़ी है । वह धन कहाँ खो गया ? मन कैसे धैर्य धारण करे ? वह अपने अंगों को बार-बार कोसती है कि ये जहाँ के तहाँ रहे, उन्हीं के साथ क्यों नहीं चले गए ! इन्होंने अपने को उनसे भी ऊपर समझा । फिर वह अपने पर झल्ला पड़ती है कि पौ फटने के साथ उसका कलेजा भी क्यों नहीं फट गया ? 'पह के फटत क्यौं रे हिये फटि नाँ गयौ' भी स्वभावोक्ति है, जो भावुक पाठकों के हृदय को भी विदीर्ण कर दे सकती है । कबित्त है—

सपने की संपति लौं भई है मलोलेमई,
मीत को मिलन-मोद जानौं न कहाँ गयौ ।
जकी ह्वै थकी हौं जड़ताई पागि जागि पीर,
धीर कैसें धरौं मन सो धन झरौं गयौ ।
हाय हाय अंगन की हीनता कहाँ लौं कहौं,
गए न लगेई संग रंग हू जहाँ गयौ ।
राखे आप ऊपर सुजान घनआनँद पै,
पह के फटत क्यौं रे हिये फटि नाँ गयौ ।।

इस लेख का अंत मैं घनानंद के एक आध्यात्मिक सवैए से करना चाहता हूँ, जो इस प्रकार है—

मन जैसें कछू तुम्हें चाहत हैं सु बखानियै कैसें सुजान ही हौ ।
इन प्राननि एक सदा गति रावरे बावरे लौं लगिये नित लौ ।
बुधि औ सुधि नैननि बैननि मैं करि बास निरंतर अंतर गौ ।
उघरौ जग छाय रहे घनआनँद चातिक त्यौं तकियै अब तौ ।।

इसमें कवि अपने प्रिय कृष्ण से कहता है कि मेरा मन किस तरह तुम्हें चाहता है, उसका बखान मैं कैसे करूँ? इन प्राणों की शरण बस तुम्हीं हो । पागल की तरह तुमसे हमेशा लौ लगी रहती है । तुमने बुद्धि, स्मृति, आँखों और मेरे वचन में निवास कर मेरे अंत:करण को भी उन्हीं में बसा लिया । मेरी आँखों के सामने से यह संसार हट गया । अब तो सिर्फ तुम हो और पपीहे की तरह आनंदघन को एकटक निहारता मैं । बस 'एक राम घनस्याम को चातक तुलसीदास' वाली स्थिति है ।

ठाकुर : कवि उनहीं के जे सनेही साँचे उर के

आचार्य रामचंद्र शुक्ल ने अपने 'इतिहास' में तीन ठाकुरों की चर्चा की है–दो ठाकुर असनीवाले और एक ठाकुर बुंदेलखंडी । परवर्ती शोध से यह तथ्य सामने आया है कि असनीवाले दोनों ठाकुर एक ही थे । इस तरह अब दो ही ठाकुर रह जाते हैं । उनमें से पहले ठाकुर रीतिबद्ध कवि थे और दूसरे ठाकुर रीतिमुक्त । मैंने इस लेख में रीतिमुक्त ठाकुर के ही छंदों को उन पर विचार करने के लिए चुना है । ठाकुर ग्रंथावली में उनके कुल दो सौ उन्नीस छंद संकलित हैं । उनमें से भी करीब तीस छंद प्रेम और शृंगार की जगह ज्यादातर धार्मिक विषयों पर लिखे गए हैं, जिन्हें मैंने अपनी विचार-सीमा से बाहर रखा है । ठाकुर स्वच्छंद कवि थे, जिसका अर्थ यह है कि उन्होंने रस और अलंकार के बंधनों में बँधकर कविता नहीं की । इसके अलावा वे बहुत अच्छे कवि थे और जैसा कि उन्होंने स्वयं अपने परिचय में कहा है, सच्चे हृदय के प्रेमियों के ही कवि थे । उनकी भाषा चलती ब्रजभाषा है, जिसमें गजब की प्रांजलता है । बीच-बीच में उनके छंदों में बुंदेलखंड की लोकोक्तियाँ भी जड़ी हुई मिलती हैं । 'लोकोक्ति' शब्द ध्यातव्य है, क्योंकि यह साधारण जन की भाषा में मिलती है, अभिजन की भाषा में नहीं । तात्पर्य यह कि ठाकुर का जनता से भी जुड़ाव था । वे फारसी के अच्छे जानकार थे, लेकिन 'यहि प्रीति अजार को और तबीब परंतु कछू सुन लीजतु है'-जैसी भाषा उनमें अपवाद स्वरूप ही मिलती है । प्रस्तुत पंक्ति में प्रयुक्त 'अजार' (आरज़ा–रोग) और 'तबीब' (वैद्य) ये दोनों शब्द अरबी के हैं, जिनमें से पहले शब्द का रूप ब्रजभाषा में विकृत हो गया है ।

ठाकुर अपने समय की रीतिकालीन कविता की रूढ़िवादिता से बहुत

असंतुष्ट थे । इसका पता उनके निम्नलिखित कबित्त से चलता है, जो उनका सबसे प्रसिद्ध छंद है,–

सीख लीन्हो मीन मृग खंजन कमल नैन
सीख लीन्हो जस औ प्रताप को कहानो है ।
सीख लीन्हो कल्पबृक्ष कामधेनु चिंतामनि
सीख लीन्हो मेर औ कुबेर गिरआनो है ।
ठाकुर कहत याकी बड़ी है कठिन बात
वाको नहीं भूलि कहूँ बाँधियत बानो है ।
डेल सो बनाय आय मेलत सभा के बीच
लोगन कबित्त कीबो खेल कर जानो है ।

इसमें प्रयुक्त 'मेर' का अर्थ है 'सुमेरु', 'गिरआनो' का अर्थ है 'गीर्वाण' अर्थात् देवता और पांचवी पंक्ति में आनेवाला 'डेल' शब्द 'ढेला' है । ठाकुर रीतिकालीन कविता में क्रांति तो नहीं कर सकते थे, लेकिन यथासंभव उन्होंने लीक से हटकर चलने की कोशिश की है । इसी कोशिश ने उन्हें ऐसा कवि बनाया है, जो सभी विद्वानों की दृष्टि में प्रशंसनीय हैं ।

सबसे पहले हम उनका यह मनोहर छंद देखें, जो कि सवैया है,–

अपने अपने निज गेहन मैं चढ़े दोऊ सनेह की नाँव पै री ।
अँगनान मैं भीजत प्रेम भरे समयो लखि मैं बलि जाँव पै री ।
कह ठाकुर दोउन की रुचि सों रंग द्वै उमड़े दोउ ठाँव पै री ।
सखि कारी घटा बरसै बरसाने पै गोरी घटा नँदगाँव पै री ।

वर्षा हो रही है और राधा तथा कृष्ण प्रेम की उमंग में अपने आँगन में उसकी बौछारों से भींग रहे हैं । राधा चाहती है कि बरसाने पर कृष्ण के रंग की घटा बरसे और कृष्ण चाहते हैं कि नंदगाँव पर राधा के रंग की अर्थात् गौर वर्ण घटा और वही होता भी है । जरा इस उक्ति की सुंदरता को देखिए : 'सखि कारी घटा बरसै बरसाने पै गोरी घटा नँदगाँव पै री' । ऐसा ही एक शोखी से भरा हुआ सवैया है, जो प्रेमी-जनों का हृदय चुरा लेता है,–

ऐसे कहौं कहा कारज होत है जो मग माँझ कबौं दरसाने ।
ये दिन ऐसे ही बीतत हैं हमहूँ तरसीं तुम हूँ तरसाने ।

ठाकुर और बिचार कछू नहिं ये अभिलाष हिये सरसाने ।
कै हमही बसियै नंदगाँव की आपही आय बसौ बरसाने ।।

इसमें राधा कृष्ण से कहती है कि रास्ते में कभी-कभी आप दिख जाते हैं, इससे कहीं काम होता है? ये दिन ऐसे ही बीत रहे हैं । इधर मैं तरस रही हूँ और उधर आप । मेरे मन में अब एक ही खयाल आता है कि या तो मैं ही नंदगाँव में आकर बस जाऊँ या आप ही बरसाने आकर बस जाएँ : 'कै हमही बसियै नंदगाँव की आपही आय बसौ बरसाने ।'

निम्नलिखित छंद भी बेमिसाल है । इसमें राधा अपनी सखी से कहती है कि कौन है, जिसे न मैं जानती हूँ, न पहचानती हूँ, लेकिन जो मुझे रास्ते में रोज छेंका करता है? ब्रजभूमि में यह कैसी कुरीति चली है कि कोई न्याय से उसका निवारण नहीं करता? वह मुझे नख से लेकर शिख तक ताकता रहता है । भला ऐसे भी कोई किसी को देखता है? इतना ही नहीं, मुरली में मुझे सुनाकर 'राधिका-राधिका' टेरता रहता है । ठाकुर के छंद का अंतिम चरण 'चमक' से भरा हुआ न होकर हृदय पर आखिरी आघात की तरह होता है : 'मुरली में ह्वै नाम सुनाय सखी मोहिं राधिका राधिका टेरत है' । छंद है :

यह को है कहाँ को न जानिये चान्हिये नित्तहि मो मग घेरत है ।
ब्रज मैं यह रीति कुरीति चली यह न्याउ न कोऊ निबेरत है ।
नख से सिख लौं तन ताकि रहै एजू ऐसे कहा कोउ हेरत है ।
मुरली में ह्वै नाम सुनाय सखी मोहिं राधिका राधिका टेरत है ।।

देश के नामी प्राकृतिक चिकित्सक महावीरप्रसाद पोद्दार, जिन्होंने प्रेमचंद को हिंदी सिखलाई थी, हमेशा यह कहा करते थे कि पढ़े-लिखे लोगों में पचहत्तर प्रतिशत लोग असामान्य होते हैं । कृष्ण तो विष्णु के अवतार ही थे, सो उनका तो अति असामान्य होना स्वाभाविक था । कम से कम उनके बारे में राधा की ऐसी ही धारणा थी । यह आप इस सवैए में देखिए–

मेवा बई घनी काबुल में बिंदरावन आनि करील जमाए ।
राधिका सी सुभ बाम बिहाय कै कूबरी संग सनेह बढ़ाए ।
मेवा तजी दुरजोधन की बिदुराहन के घर छोकल खाए ।
ठाकुर ठाकुर की का कहौं सदा ठाकुर बाबरे होतई आए ।।

वह कहती है कि कृष्ण ने काबुल में मेवा उगाया और वृंदावन में करील के वृक्ष लगा दिए । राधिका-जैसी सुंदरी को छोड़कर कुब्जा के साथ प्रेम-संबंध बढ़ाया । और तो और, दुर्योधन के यहाँ मेवा-मिष्टान्न छोड़कर विदुर के घर पर चोकर की रोटी खाई । मैं ठाकुर अर्थात् भगवान् की बात क्या कहूँ, वे तो हमेशा से बावले ही होते आए हैं !

ऊपर कहा जा चुका है कि ठाकुर स्वच्छंद कवि थे । उनकी चित्त-वृत्ति भी स्वच्छंद थी । इसका प्रमाण यह है कि वे एक सोनारिन पर आशिक थे, जिसका नाम 'सुजना' था । उन्होंने अपनी कविता में उसे प्रायः 'सुजान' कर दिया है । यह हमें निम्नलिखित छंद से मालूम होता है, जो भी काफी प्रसिद्ध है । इसकी प्रसिद्धि का एक प्रमाण तो यह है कि इसका आधार लेकर ब्रजभाषा और हिंदी के विदग्ध कवि और सवैया के उस्ताद गयाप्रसाद शुक्ल 'सनेही' ने एक पूरा सवैया रचा था, जिसे यहाँ उद्धृत करने का कोई औचित्य नहीं है । हमें यह छंद देखना चाहिए—

गति मेरी यही निसबासर है चित तेरी गलीन के गाहने है ।
चित कीन्हो कठोर कहा इतनो अरी तोहि नहीं यह चाहने है ।
कहि ठाकुर नेक नहीं दरसी कपटीन कों काह सराहने है ।
मन भावै सुजान सोई करियौ हमैं नेह को नातो निबाहने है ।।

ठाकुर अपनी उक्त प्रेमिका से कहते हैं कि मेरी गति सिर्फ यही है कि मेरा चित्त रात-दिन तुम्हारी गली में चक्कर काटे । तुमने अपने मन को इतना कठोर क्यों कर लिया है, जबकि बात इतनी-सी है कि तुम्हें मेरा प्रेम पसंद नहीं है । काफी दिनों से तुम दिखलाई नहीं पड़ीं । ऐसा कपट करनेवाली की सराहना कैसे करूँ? ए सुजान, जो तुम्हारे मन को अच्छा लगता है, तुम वही करो । तुम पर कोई बंधन नहीं है, लेकिन मैं तो अपने प्रेम से विवश हूँ । जब एक बार तुमसे संबंध जोड़ लिया है, तो मुझे तो उसका निर्वाह करना ही है । अब कृष्ण की तिरछी दृष्टि का एक कमाल—

काम के तीर सी प्रेम गभीर सी दाहन भीर सी जोति जगै है ।
पानिय बूड़ी सी जालिम जूड़ी सी कौन की देखे न देह डगै है ।
ठाकुर धन्य वा मोहन माई री कंज से कोमल अंग अँगैहै ।
तीछी तिरीछी बिलोकनि रावरी बीछी के डंक ते बंक लगै है ।।

एक गोपिका कृष्ण के बारे में कहती है कि काम के बाण और प्रेम की गंभीरता की दाहक पीड़ा भी उनमें ज्योति बनकर प्रकट होती है । उनकी प्रतिष्ठा में यदि डुबकी लगाओ, तो कौन ऐसा है, जिसकी देह भयानक ठंढ से काँप न उठे? उनके अंग तो कमल-से कोमल, अतः सर्वथा सहनीय हैं, लेकिन वे धन्य हैं कि उनकी तिरछी दृष्टि तो बिच्छू की तरह डंक मारती है । स्मरणीय है कि बिच्छू की पूँछ, जो डंक मारती है, टेढ़ी होती है, इसलिए कृष्ण की तिरछी चितवन से उसकी समानता है । ऊपर की तीन पंक्तियों के साथ चौथी पंक्ति में प्रभाव का एकदम उलट जाना प्रेम की दुनिया का साधारण अनुभव है ।

एक गोपिका अपनी सखी से यह कहकर पछता रही है कि कृष्ण से प्रेम करके वह दुविधा में पड़ी रही, जिससे उसे न माया मिली, न राम । ऊपर जिस लोकोक्ति की बात कही गई है, उसका यह छंद एक अच्छा उदाहरण है । गोपिका कहती है कि मैंने पातिव्रत्य छोड़कर उनसे प्रेम किया, लेकिन लोगों ने मुझे ऐसी बातें सुनानी शुरू कीं कि मैं उसका निर्वाह नहीं कर सकी । मुझे चुप रहकर जिसने भी जो कुछ कहा, उसे सहना पड़ा । वह कहावत सही हुई, जो अब तक सुनती आई थी । उसकी दुविधा अपने पति और कृष्ण को लेकर थी । वह दोनों में से किसी से प्रेम का निर्वाह न कर सकी, इसलिए दोनों तरफ से गई । छंद इस प्रकार है—

छोड़ि पतिव्रत प्रीति करी निबही नहि स्रोन सुनी हम सोऊ ।
मौन भए रहनेई परो सहनेई परो जो कहै कछू कोऊ ।
साँची भई कहनावति वा कबि ठाकुर कान सुनी हती जोऊ ।
माया मिली नहिं राम मिले दुबिधा मैं गए सजनी सुनि दोऊ ।।

एक अन्य गोपिका अपनी सखी को यह सीख देती है कि पति जिसको भी प्यार करे, उसे सहना पड़ता है । मध्ययुग में अतिसंपन्न लोग कभी-कभी एक से अधिक विवाह किया करते थे । इसलिए उनके घरों में सौतें हुआ करती थीं । यह गोपिका भी अपनी सखी को नसीहत देती है कि यदि तुमने अपने पति से रुष्ट होकर मान किया, तो पीछे पछताना पड़ेगा । मैं किससे क्या कहूँ? मुझे तो उन्होंने भुला ही दिया है । सखि, यदि तुमने मान किया, तो तुम्हारे पति तुम्हारी सौत के मायके चले जाएँगे !—

पिय प्यार करैं जेहि पै सजनी तेहि की सब भाँतिन सैयत है ।
मन मान करौं तो परौं भ्रम मैं फिर पीछे परे पछतैयत है ।

कवि ठाकुर कौन की कासों कहौं दिन देखि दसा बिसरैयत है ।
अपने अटके सुनि एरी भटू निज सौत के मायके जैयत है ।।

ऐसा लगता है कि उक्त गोपिका ही अपनी सखियों को अपना अनुभव बतलाकर उन्हें आगाह कर रही है । कहती है कि मैं तो घोषित रूप में परस्त्री हो गई, लेकिन तुम सभी सुधर जाओ । जिस रास्ते पर चलने पर लोग भला-बुरा कहते हैं, उस रास्ते को छोड़ दो । मेरी तो पूरी देह नंगी है और उसे ढँकनेवाली चादर फटी हुई, फिर उसमें कहाँ-कहाँ पैबंद लगाऊँ ? तुम अपना बचाव करो, मैं तो बनकर भी बिगड़ ही गई ।–

हम तौ पर नारि भई सो भई तुम तो सुधरौ सखियाँ सिगरीं ।
यहि रीत चले जग नाम धरै तिहि तें न कढ़ो मग मो ढिग रीं ।
कवि ठाकुर फाटी उलंक की चादर देउँ कहाँ कहँ लौं थिगरीं ।
तुम आपनी ओर बचाव करौ हम तौ बनिकै बिगरीं बिगरीं ।।

कहना व्यर्थ है कि ऐसा खुलापन और अपनापन परंपरागत रीतिकवियों में दुर्लभ है । तीसरी पंक्ति में जो 'उलंक' शब्द आया है, उसका अर्थ है 'नग्न' । एक कबित्त में ठाकुर ने वासंतिक प्रकृति के मादक वातावरण का चित्रण किया है, जिससे एक खास युवती, जिस पर कृष्ण का अनुराग है, किसी कारण से उदासीन है और उनसे मान किए हुए है । कवि उसे उसकी ओर उन्मुख करता है और कहता है कि ऐसे समय कृष्ण को तुम तरसाओ मत । ये सुहावने रात-दिन गँवाने योग्य नहीं हैं । इस कबित्त की विशेषता यह है कि इसमें 'देख' क्रियापद की अनेकशः आवृत्ति हुई है, लेकिन उससे माधुर्य की सृष्टि हुई है, ओज की नहीं, जिसे हम दिनकर की 'रश्मिरथी' में कृष्ण के विराट् रूप के प्रदर्शन के प्रसंग में देखते हैं, यथा 'यह देख गगन मुझमें लय है,/यह देख पवन मुझमें लय है' आदि। आप इस कबित्त में 'देख' क्रियापद की रुक्षता के स्थान में उसकी स्निग्धता तो देखें ही, इसके अंतिम चरण में अनुप्रास से अलग पूरी अभिव्यक्ति के सौंदर्य पर गौर करें और कानों से भौंरों का गुंजार सुनें–

पत्र बन बेलिन के किसलै कुसुम देख
बन बन बाग ये छबीले छबि छावने ।
कोकिला की कूक सुनि हूक होत कैसी देख
ऐसे निसि बासर सु कैसे कै गँवावने ।

ठाकुर कहत हिये बिसद विचारु देख
ऐसे समै स्याम हू कों नाहिं तरसावने ।
आम पर मौर देख मौर पर झौंर देख
झौंरन पै भौंर देख गुंजत सुहावने ।।

वसंत ऋतु में ही होली का त्यौहार आता है, जिसका बुंदेलखंड या ब्रजभूमि में आज भी बहुत महत्त्व है । वहाँ यह बहुत धूम-धाम से मनाया जाता है । बरसाने की होली तो प्रसिद्ध ही है । एक गोपिका कृष्ण का आलिंगन करना चाहती है, लेकिन वह लोकापवाद से डरती है । होली उसके लिए अच्छा मौका है, वह अपनी सखियों से कहती है कि कृष्ण जब होली खेलने के लिए आवें, तो तुम लोग रत्ती-भर भी डिगो नहीं और न भागो ही । बस मुझे उस खेल को देखने दो । वे गाते हुए आवें, बजाते हुए आवें, उन्हें आने दो । जैसे ही वे आवेंगे, उन्हें अबीर और गुलाल की मूठें मारकर रँग डालूँगी । इस तरह जो फाग मचेगा, उससे धुँधलका छा जाएगा और मैं उसमें धँसकर उनको पकड़ लूँगी, अर्थात् उनका आलिंगन कर लूँगी । यह सवैया है और इस तरह है—

ठाढ़ी रहौ न डगौ न भगौ अब देखन देव जू कौतुक ख्यालहि ।
गावन देव बजावन देव जू आवन देव जू नंद के लालहि ।
ठाकुर त्यौं रँगिहौं रँग सों अरु मारिहौं बीर अबीर गुलालहि ।
धूँधर की धुँधकी मैं धमारि मैं हौं धँसिहौं धरि लैहौं गुपालहिं ।।

वसंत के बाद वर्षा । ठाकुर ने एक कबित्त में बरसात के रात्रिकालीन आकाश में तारों की जो स्थिति होती है, उसका बहुत सुंदर वर्णन किया है । ये तारे वर्षा ऋतु की लीला देख रहे हैं । बिजली चमकती है, जो भूमि पर गिरकर वृक्षों को जला सकती है और मनुष्यों को मार भी सकती है । इस डर से वे धरती पर नहीं आ रहे हैं । वे मोरों को प्रसन्न देखते हैं और पपीहों को अभिलाषाओं से युक्त, लेकिन अपने पति चंद्रमा अर्थात् तारेश को कहीं न पाकर थके हुए और स्थिर प्रतीत होते हैं । कभी वे छिप भी जाते हैं और कभी प्रकट भी हो जाते हैं । भूलकर भी वे आपस में टकराते नहीं । बादलों में तारों को मंद-मंद चमकते देखकर ऐसा लगता है कि वे चौंधियाए हुए, चंद्रमा को ढूँढ़ते फिर रहे हैं । कबित्त—

पावस प्रपंच को तमासो अवलोकत से
दामिनी के त्रास आय भूमि ना गिरत हैं ।

मोरन मगन देखि चातकन चाव पेखि
लेखि पति आपनो न थाके से थिरत हैं ।
ठाकुर कहत हैं छिपत प्रगटत कहूँ
भूले अनुकूले भटमेरे ना भिरत हैं ।
मंद मंद देखिके नखत बदरान माँझ
मानो चौंधियाने चंद ढूँढ़त फिरत हैं ।।

इसे प्रकृति का स्वतंत्र वर्णन ही कहेंगे, भले अगले छंद में एक विरहिनी की बादलों को दी गई चुनौती है । ठाकुर के वर्षा-वर्णन को वर्षा ऋतु के विशेष दृश्य का चित्रण न मानकर उद्दीपन मानना वैसा ही है, जैसा डा. नगेंद्र का रस के आधार पर नई कविता की व्याख्या करने का प्रयास । एक नव-स्वच्छंद कवि का प्रगीत है—'शरद निशा में तेरी बड़ी याद आती है' । निश्चय ही पंडित लोग बिना यह विचार किए कि इससे प्रगीत का आनंद जाता रहता है, इसमें प्रयुक्त 'शरद निशा' को उद्दीपन की कोटि में डालकर चलते बनेंगे । हमें कविता के प्रति अपनी शास्त्रीय दृष्टि छोड़नी चाहिए । उक्त छंद में एक अपरिचित शब्द आया है—'भटमेर', जिसका अर्थ है 'भिड़ंत' ।

एक विरहिनी का, जिसकी ओर संकेत ऊपर किया गया है, वर्षा ऋतु में प्रिय-आगमन का यह उत्साह देखिए, जो बेकाबू हो रहा है । कवि कहता है कि वर्षा ऋतु में परदेश से प्रिय आया है । यह विरहिनी की मनभाई बात है । मेढक, मोर और पपीहा बोल रहे हैं । ऊपर से 'बरसहिं जलद भूमि नियराए' । यदि वे बरस नहीं रहे हैं, तो नीचे जरूर झुक आए हैं । यह रात अत्यंत सुखद और सुहावनी है । डरानेवाली बिजली की कौंध पता नहीं कहाँ चली गई है । विरहिनी घटा से कहती है कि अब तुम्हें जितना भी गरजना और बरसना हो, तुम गरजो और बरसो । मैं तुम्हें इसकी चुनौती देती हूँ । 'धूर दई है' का अर्थ 'चुनौती देती हूँ' ही है ।—

पावस में परदेस तें आनि मिले पिय औ मनभाई भई है ।
दादुर मोर पपीहरा बोलत तापर आनि घटा उनई है ।
ठाकुर वा सुखकारी सुहावनि दामिनि कौंध कितै धौं गई है ।
री अब तौ घनघोर घटा गरजौ बरसौ तुम्हें धूर दई है ।।

एक गोपिका कृष्ण को यह संदेश देती है कि आप रोज इधर न आएँ, लेकिन यह

मेरी नेक सलाह सुन लें । मेरे प्राण आपके ही अधीन हैं, फिर आपको देखे बिना मैं कैसे जी सकती हूँ? सो हे प्यारे लाल, मेरी यह प्रार्थना सुनिए और सिर्फ इतनी बात पर ध्यान दीजिए कि रोज नहीं, तो दूसरे, तीसरे, पाँचवें, सातवें या आठवें दिन तो इधर जरूर आया कीजिए । यह सवैया इतना सरल है कि इसमें कहीं कोई अँटकाव नहीं है । फलस्वरूप इसका भाष्य करना कविता को गद्य बनाना यानी जैसा कि एक विदेशी आलोचक ने कहा है, नृत्य को साधारण चाल में बदल देना है । वह सवैया, जो अपनी सहजता और संप्रेषणीयता में अद्वितीय है, यह है—

रोज न आइयै जौ मन मोहन तो यह नेक मतौ सुन लीजिये ।
प्रान हमारे तुम्हारे अधीन तुम्हैं बिन देखें सु कैसे कै जीजिये ।
ठाकुर लालन प्यारे सुनौ बिनती इतनी पै अहो चित दीजिये ।
दूसरे तीसरे पाँचएँ सातएँ आठएँ तौ भला आइबो कीजिये ।।

कवियों ने प्रेमिका या विरहिनी के स्वप्न का वर्णन किया है । वह एक छंद में ठाकुर ने भी किया है, लेकिन उनकी अभिव्यक्ति में जो दर्द है, वह दूसरे कवियों में कम ही देखने को मिलता है । एक गोपिका अपनी सखी से कहती है कि मैं स्वप्न में फुलवारी में गई थी । वहाँ कृष्ण मिल गए, जिन्होंने अपनी भुजाओं से मुझे अंक में भरकर अपने कंठ से लगा लिया । उन्होंने मेरी बाँहें पकड़कर उन्हें पीछे कर दिया । मुझे बड़ा संकोच हुआ कि कहीं कोई स्त्री यह देख न ले । भोर को जब नींद टूटी, तो यह देखती हूँ कि मैं अपने घर में अकेली हूँ । आँख खुलने पर पाया कि मेरे निकट न कृष्ण हैं, न फुलवारी, न बगीचा, न वृक्ष और न लता । छंद है—

सापने हौं फुलवाई गई हरि अंक भरी भुज कंठन मेली ।
हौं सकुची कोउ सुंदरी देखत लै जिन बाँह सो बाँह पछेली ।
ठाकुर भोर भए गए नींद के देखहुँ तो घर माँझ अकेली ।
आँख खुली तब पास न साँवरो बाग न बावरो वृक्ष न बेली ।।

अब हम ठाकुर का अंतिम कबित्त प्रस्तुत करके इस लेख को समाप्त करेंगे । कृष्ण की प्रिया ने उनसे मान किया है और उनकी ओर पीठ करके बैठी हुई है । वे इस कबित्त में कहते हैं कि आग में बारूद छोड़कर क्या उसे दबाया जा सकता है? इसी तरह पानी से अलग करके मछली को जीवित रखना भी मुश्किल है । काम-भावना को अलग करके सुंदरी से वियोग संभव नहीं है, यानी

वियोग काम-भावना को और उद्रिक्त करनेवाला होता है । चकवों को अपने जोड़े से अलग करके भी उन्हें योगी नहीं बनाया जा सकता । आगे वे उससे कहते हैं कि प्यारी, तुम्हीं विचार करके देखो, ऐसा रूप प्राप्त करके क्या मान किया जाता है ? तुम उनकी ओर पीठ देकर बैठी हुई हो और उसके बीच में तुम्हारी वेणी पड़ी हुई है । यहाँ उसकी वेणी की सुंदरता और उत्तेजकता का वर्णन है : 'बेनी बीच दैकै कहूँ पीठ दीजियतु है' । इस छंद में 'बीच देने' का कई बार प्रयोग हुआ है, जिसके दो अर्थ हैं 'मध्य में रखना' और 'अलग करना' । अब आप यह छंद और इसमें आनेवाली अंतिम दो पंक्तियों की खूबसूरती देखें—

आगी बीच दैकै कहूँ दारूगंज दाबे जात
पानी बीच दैकै कहूँ मीन जीजियतु है ।
काम बीच दैकै कहूँ बाम सों बियोग होत
कोक बीच दैकै कहूँ जोग लीजियतु है ।
ठाकुर कहत प्यारी तुमही बिचारि देखौ
ऐसो रूप पाइ कहूँ मान कीजियतु है ।
पीठ दैकै बैठती हौ पीठऊ पै बेनी परी
बेनी बीच दैकै कहूँ पीठ दीजियतु है ।।

पहली पंक्ति में आनेवाले 'दारूगंज' शब्द का अर्थ है—'बारूद का ढेर' । यह शुद्ध फारसी शब्द है ।

बोधा : मस्ती के गायक

बोधा का असली नाम 'बुद्धसेन' था। ये भी बुंदेलखंडी थे और पन्ना-नरेश क्षेत्र सिंह के दरबारी थे। महाराजा का इन पर बहुत प्यार था, जिससे वे इन्हें 'बुद्धसेन' के बदले 'बोधा' कहने लगे और ये उसी नाम से प्रसिद्ध हो गए। दरबार की सुभान नामक वेश्या से ये दिलोजान से प्रेम करते थे, जिसका परिणाम यह हुआ कि महाराज ने इन्हें साल-भर के लिए अपने दरबार से निकाल दिया। इन्होंने विरहानल में जलते हुए जंगलों, पहाड़ों, नदियों और अनेक शहरों के चक्कर लगाए तथा दो काव्यों की रचना की—'इश्कनामा' अथवा 'विरहीसुभानदंपतिविलास' और 'विरहवारीश' अथवा 'माधवानलकामकंदला चरित'। एक साल के बाद जब बोधा फिर दरबार में हाजिर हुए, तो उस समय वहाँ सुभान भी उपस्थित थी। महाराजा ने इनसे इनका समाचार पूछा, तो इन्होंने उन्हें 'विरहवारीश' के कुछ अंश सुनाए। उन अंशों को सुनकर महाराजा विह्वल हो गए और उन्होंने इनसे कहा—'बोधाजी, अब बस कीजिए और मुझसे कुछ माँगिए।' इन्होंने उन्हें अपनी बात पर दृढ़ देखा, तो उनसे कहा—'सुभान अल्लाह'। महाराज ने समझकर इनकी माँग को स्वीकार किया और सुभान को इनके साथ रहने की आज्ञा दे दी। विद्वानों का कहना है कि 'इश्कनामा' की रचना 'विरहवारीश' के बाद हुई है, क्योंकि दूसरी पुस्तक के कुछ छंद पहली पुस्तक में भी मिलते हैं। 'विरहवारीश' माधवानल और कामकंदला की परंपरागत प्रेम-कथा को लेकर प्रबंध-काव्य के रूप में रचा गया है। इसमें कथा सुभान और कवि के संवाद के रूप में कही गई है और उस पर सूफीमत का गहरा असर है, यद्यपि यह काव्य अभी तक अपूर्ण रूप में ही सुलभ है। प्रस्तुत लेख में 'इश्कनामा' को ही

आधार बनाया गया है, जिसमें मुख्य रूप से प्रेमपरक स्फुट छंद हैं । कुल छंदों की संख्या सिर्फ एक सौ तेरह है । बोधा का प्रेम मस्ती, जिंदादिली और बलिदान की भावना से भरा हुआ है । एक बात और है । वह यह कि यह प्रेम अत्यंत व्यापक है और इश्कहकीकी से इश्ममजाजी तक उठा हुआ है । निश्चय ही यह भी सूफीमत का ही प्रभाव है । नीचे 'इश्कनामा' के कुछ सुंदर छंद उद्धृत किए जा रहे हैं ।

सबसे पहले बोधा का वह छंद, जिसकी अंतिम पंक्ति का उत्तरार्ध हिंदी क्षेत्र में अक्सरहा सुना जाता है । यह हिंदीभाषी जनता के बोध और कवि की लोकप्रियता दोनों का प्रमाण है—

अति छीन मृनाल के तारहु तें तिहि ऊपर पाँव दै आवनो है ।
सुईबेह तें द्वार सकीन तहाँ परतीति को टाँड़ो लदावनो है ।
कबि बोधा अनी घनी नेजहु तें चढ़ि तापै न चित्त डगावनो है ।
यह प्रेम को पंथ कराल है जू तरवार की धार पै धावनो है ।।

इसमें कवि ने प्रेम–मार्ग की कठिनाइयाँ बतलाई हैं । कहा है कि प्रेम करना कोई हँसी-खेल नहीं है । यह मृणाल के क्षीण तंतु पर पाँव रखकर आने तथा सुई के संकीर्ण छिद्र से व्यापारिक माल से भरी हुई गाड़ी को निकाल देने के समान है । इतना ही नहीं, भाले की नोक पर चढ़कर भी चित्त से अडिग बने रहना है और तलवार की धार पर चलना है ! इससे अनुमान लगाया जा सकता है कि इनका प्रेम साधारण प्रेम नहीं है । इन्होंने प्रेम में 'प्रतीति' को बहुत महत्त्व दिया है । आगे के एक छंद में कहा है—

उपचार औ नीच बिचारने ना उरअंतर वा छवि को घर है ।
हमकों वह चाहै कि चाहै नहीं हम चाहिए वाहि बिथाहर है ।
कबि बोधा कछू सक यामें नहीं भवसिंधु बजाइकै लै तरहैं ।
यह प्रीति की रीतिहि जानत सो, परतीतिहि मानिकै जो करहैं ।।

तात्पर्य यह कि इनके यहाँ प्रेम में उच्च और नीच का कोई विचार नहीं है । बस अपने हृदय में उस छवि को बसा लिया है । ये कहते हैं कि मुझे इसकी भी परवाह नहीं है कि मेरा प्रिय मुझे चाहता है, या नहीं । मैं उसे चाहता हूँ, क्योंकि वह व्यथाओं को दूर करनेवाला है । मुझे इसमें कोई शक नहीं है कि मैं डंका बजाकर भव-सिंधु को पार कर जाऊँगा । जो प्रतीतिपूर्वक प्रेम करते हैं, वे ही प्रेम की इस

रीति को जानते हैं । इस कवि के भिन्न और दीवानगी से भरे हुए स्वर को कोई भी पाठक आसानी से पहचान लेगा ।

ऊपर संकेत किया गया है कि बोधा का प्रेम बहुत ही व्यापक है । उसका उदाहरण इस छंद में देखने को मिलता है–

वह प्रीति की रीति कों जानत तो तबहीं तौ बच्यौ गिरिढाहन तें ।
गजराज चिकारि कै प्रान तज्यो न जर्‌यो सँग होलिकादाहन तें ।
कबि बोधा कछू न अनोखी यहै का बनै नहीं प्रीतिनिबाहन तें ।
प्रहलाद की ऐसी प्रतीति करै तब क्यों न कढ़ै प्रभु पाहन तें ।।

कवि कहता है कि प्रेम की रीति का पता प्रह्लाद को था । तभी वे पर्वत पर से गिराने पर भी बच गए । उन्हें मारने के लिए हाथी छोड़ा गया था, लेकिन चीत्कार करके उसने स्वयं अपने प्राण त्याग दिए । वे होलिका की गोद में बैठकर भी नहीं जले, बल्कि उलटे वही जलकर भस्म हो गई । इसमें अनोखा कुछ नहीं है । प्रीति के निर्वाह से सब कुछ संभव है । जब प्रह्लाद-जैसा विश्वास हो, तो क्यों नहीं पत्थर के भीतर से भगवान् प्रकट हों ? बोधा के लिए प्रेम से बढ़कर कुछ भी नहीं था । इनके अनुसार सौ यज्ञ करने से इंद्र का पद प्राप्त हो जाता है और योग के द्वारा लोग सिर्फ अपने को जीवित रखते हैं । दान देने से संपत्ति में वृद्धि होती है और घनघोर तपस्या करने से राज्य की प्राप्ति । इन्हें पता है कि इनका प्रिय इन्हें नहीं चाहता, पर ये प्रतीति के द्वारा उस प्रेम को दृढ़ कर रहे हैं । अंत में ये अपने प्रिय से कहते हैं कि तुम्हें यह बात अच्छी लगे या न लगे, मैं सभी परिचितों और अपरिचितों को प्रतीति का महत्त्व जना देना चाहता हूँ–

सत यज्ञ करे ते सुरेश भए करे जोग ते जीव जियावत हैं ।
दिए दान के दौलति होति, घनी तप के किएँ राज कों पावत हैं ।
कबि बोधा सु तौ हम चाहत ना, परतीति कै प्रेम बढ़ावत हैं ।
तुम्हैं नीकी लगै न लगै तौ भले हम जान अजान जनावत हैं ।।

ऐसा प्रेमी, जो अपने विश्वास के प्रसार में अपने प्रेमी की खुशी-नाखुशी को भी न देखे, विरल ही होगा ।

एक छंद में घोषणा करने के लहजे में बोधा कहते हैं–

लोक की लाज औ सोच अलोक को वारियै प्रीति के ऊपर दोऊ ।
गावँ को गेह को देह को नातो सनेह में हातो करै पुनि सोऊ ।

बोधा सु नीतिनिबाह करै धर ऊपर जाके नहीं सिर होऊ ।
लोक की भीति डेरात जौ मीत तौ प्रीति के पैंड़े परै जनि कोऊ ।।

आशय स्पष्ट है । प्रेम के ऊपर लोक-लाज के साथ अलौकिक जगत् की चिंता को भी न्यौछावर कर देने की जरूरत है । गाँव, घर और देह ये सभी प्रेम से दूर ले जानेवाली चीजें हैं । कवि का कहना है कि प्रेम की नीति का निर्वाह वही कर सकता है, जिसके धड़ के ऊपर सिर न हो । यदि कोई लोक से डरता है, तो अच्छा है कि वह प्रेम के रास्ते पर कदम न बढ़ाए । एक छंद अत्यंत मार्मिक है, जो प्रेम की गहरी व्यथा का पता देता है–

कहिबे कौं ब्यथा सुनिबे कौं हँसी को दया सुनिकै उर आनतु है ।
अरु पीर घटै तजि धीर सखी दुख को नहीं का पै बखानतु है ।
कबि बोधा कहे में सवाद कहा को हमारी कही पुनि मानतु है ।
हमैं पूरी लगी कै अधूरी लगी यह जीव हमारोई जानतु है ।।

सच्चे प्रेम की पीड़ा चीख-पुकार या शोरगुल से कोई मतलब नहीं रखती । वह अंतर्मुखी होती है, जिससे प्रेमी भीतर ही भीतर घुटता रहता है । उक्त छंद में वस्तुत: यही कहा गया है । कवि कहता है कि मेरी व्यथा सुनकर किसके मन में दया उपजती है? सभी हँसते हैं । कहने से पीड़ा घटेगी, यह सोच धैर्य छोड़कर अपने दु:ख को किसी और को सुनाना ठीक नहीं है । कहने में मजा भी तो नहीं है । फिर मेरे कहे हुए को सत्य कौन मानता है? मेरी यह पीड़ा पूरी है या अधूरी, इसे तो सिर्फ हमारा मन ही जानता है । औरों को इसके बारे में बतलाने से क्या फायदा?

बोधा के प्रत्येक छंद में एक मस्ती है, जो सूफीमत से प्रभावित इनकी दीवानगी से आई है । निम्नलिखित छंद देखिए–

घाटन बाटन हाटन में मृगतृस्ना तरंगिनि लौं तरियै लै ।
पै वह चाउ नहीं बिसरै भरमै भ्रम की भँवरी भरियै लै ।
बोधा कहै ढिग कौन के या दुख की गरुवी डलिया धरियै लै ।
जौ न मिलो दिलमाहिर एक अनेक मिलैं तौ कहा करियै लै ।

इस छंद में कवि ने अपनी गहन प्रेम-पीड़ा का भी उल्लेख किया है । वह कहता है कि घाट-बाट और हाट में मैं मृगतृष्णा की नदी में जैसे तैरता रहता हूँ । फिर भी

मुझसे वह चाह नहीं छूटती, यद्यपि मन भ्रम के भँवरों में चक्कर काटता रहता है । मैं अपने दु:ख की यह भारी गठरी किसके पास रखूँ ? यदि कोई दिल के मर्म को समझनेवाला नहीं मिले, तो दूसरे अनेक लोगों को लेकर मैं क्या करूँगा ? बोधा में 'दिलमाहिर' के साथ 'दिलदार' शब्द बराबर मिलता है । यह एक ओर फारसी की तरफ झुकाव का प्रमाण है और दूसरी ओर उनकी चलती हुई भाषा का । पेचदार मजमून उन्होंने न के बराबर बाँधे हैं । इस कारण उनके छंद बहुत कुछ सरल हैं । उनके सरलतम छंद का एक उदाहरण है—

रितु पावस स्याम घटा उनई लखि कै मन धीर धिरातो नहीं ।
पुनि दादुर मोर पपीहन की सुनि कै धुनि चित्त थिरातो नहीं ।
जबतें बिछुरे कवि बोधा हितू तब तें उर दाह सिरातो नहीं ।
हम कौन सों पीर कहैं अपनी दिलदार तो कोउ दिखातो नहीं ।।

बरसात का मौसम है । काली घटा नीचे तक झुक आई है । यह दृश्य देखकर मन अधीर हो उठा है । फिर मेढक, मोर और पपीहे की आवाज सुनकर चित्त अस्थिर हो उठा है । बोधा कहते हैं कि जबसे प्रिय बिछुड़े हैं, हृदय की जलन ठंढी नहीं होती । हम अपनी मर्मांतक पीड़ा किससे कहें, कोई भी तो सहृदय नजर नहीं आता । कविता में जटिल भावों की सरल अभिव्यक्ति तो कठिन है ही, सरल भावों की ऐसी अभिव्यक्ति भी कठिन है, जो कविता के स्तर से च्युत न हो । यह सिद्ध कवि द्वारा ही संभव है और बोधा महान् कवि न होते हुए भी निश्चय ही सिद्ध कवि थे । उनके आगे आनेवाले छंद भी इसकी गवाही देते हैं ।

बरसात के बाद वसंत । बोधा कोयल को संबोधित कर कहते हैं कि तुम्हारी कुठार-सी बोली लगने पर किसका धीरज बना रह सकता है? इसलिए मैं तुमसे विनती करता हूँ कि चुप हो जाओ, वर्ना तुम्हें पीछे पछताना पड़ेगा । बोलते रहने से स्वार्थ और परमार्थ की कोई वस्तु तुम्हारे हाथ आनेवाली नहीं है । तुम्हारी कुठार-सी बोली विरहिनी की दुबली देह में ठौर-कुठौर कहीं लग गई, तो यह कैसी बात होगी, तुम सोचो । छंद देखिए—

क्वैलिया तेरी कुठार सी बानि लगे पर कौन को धीरज रैहै ।
यातें मैं तोसों करौं बिनती कवि बोधा तु ही फिरिकै पछितैहै ।
स्वारथ औ परमारथ को गथ तेरे कछू सुनु हाथ न ऐहै ।
ठौर कुठौर बियोगिनि के कहूँ दूबरी देहन में लगि जैहै ।।

इस छंद में सर्वाधिक कवित्तपूर्ण उक्ति यह है कि कवि ने कोयल की कूक की घातकता दिखलाने के लिए उसे अदृश्य से दृश्य बना दिया है, जो बहुत ही ठोस है, ठीक कुठार की तरह । कोयल से ही संबंधित बोधा का एक और छंद है, जिसमें इनकी अभिव्यक्ति असाधारण रूप से जोरदार हो गई है । पहले छंद–

बैठि रसालन के बन में अधराति कहूँ रन सो ललकारति ।
नाहक बैर परी बिरहीन के कूक बियोग के लूकन जारति ।
बोधा अनेक कियो बिनती रतिकौं न कहूँ करुना उर धारति ।
बाल मरै मधुमास छकी यह क्वैलिया पापिनि पीसेई डारति ।।

आधी रात में आम के बगीचे में कोयल बोल क्या रही है, मानो विरहिनी को युद्ध में ललकार रही है । जैसे प्रेम एक युद्ध-क्षेत्र हो और उसे कोयल के वार का सामना करना हो । वह बेवजह उससे दुश्मनी बेसाहे है और अपनी कूकरूपी लू से उसे जला रही है । बोधा कहते हैं कि मैंने उससे बहुत विनती की, लेकिन उसके हृदय में रत्ती-भर भी करुणा नहीं उपजी । यह बाला मधुऋतु में यों ही मदोन्मत्त है, ऊपर से यह कोयल उसे पीसे डाल रही है ! युद्ध में ललकारना, वियोग की लू से जलाना और पीस डालना–एक कोयल की कूक के विरहिनी के लिए ऐसे जोरदार असर का वर्णन शायद ही किसी अन्य कवि ने किया हो ।

एक छंद बोधा ने सीधे सुभान को संबोधित करके लिखा है । कहते हैं कि जबसे वह हृदय में आकर बसी है, अहर्निश न नींद आती है और न भूख लगती है । लेकिन लोक के भय से उससे मिलते भी नहीं बनता, पर हृदय की उमंग रोकने पर भी नहीं रुकती । ऐ मेरी प्रिय सुभान, सुनो, मेरे अंतःकरण में तीर की नोक चुभ गई है । उसको कैसे चैन मिले, जो बुरे वक्त में आँखों के आघात का मारा हुआ है ! छंद इस प्रकार है–

निसि बासर नींद औ भूख नहीं जबतें हिये में यह आनि बसी ।
मिलते न बनै जग के भय तें बरजी न रहै हिय की हुलसी ।
कबि बोधा सुनै हे सुभान हितू उर अंतर प्रेम की गाँस गसी ।
तिनकों कल कैसे परै निरदै जिनकों है कुसाँगरे आँख कसी ।।

इसमें आनेवाले 'कुसाँगरे' शब्द का अर्थ है 'बुरे संकट की स्थिति में' । इसके बाद एक नितांत सरल छंद आता है, जिसमें कहा गया है कि सब लोग मुझे अपनी बातों से समझाते हैं, लेकिन मेरी पीड़ा को कोई नहीं जानता । वह लोगों की शिक्षा

को लेकर क्या करे, जिसका मन उसके हाथ से निकल चुका है । प्रेम की पीड़ा को शायद वही समझ सकता है, जिसने उसका अनुभव किया है । जब मानसिक पीड़ा हद को पार कर जाती है, तो शरीर को प्रभावित करने लगती है । बोधा के शरीर में भी वह व्याप्त हो गई है, इसलिए अंत में इन्होंने कहा है कि जिससे शरीर की यह पीड़ा दूर हो, वह संजीवनी बूटी वही है ! स्पष्ट संकेत सुभान की ओर है, यथा—

बातनहीं समझावैं सबै यह पीर हमारी न जानत कोई ।
का करै लैकैं सिखावन कों जिय जाहि को आपने हाथ न होई ।
बोधा कदाचित जानै वहै वहिके जिय में जिन बेदन बोई ।
जातें मिटै यह पीर सरीर की है वह मूरि सजीवन सोई ।।

जैसे ठाकुर के छंदों में अपने ढंग की नवीनता है, वैसे ही बोधा के छंदों में भी । बोधा के एक छंद में एक गोपिका कृष्ण से कहती है कि अत्यंत तीखे स्वभाव की सास क्षण-भर के लिए भी क्षमा नहीं करेगी और मैं उसके डर से रात-दिन मरती रहूँगी । यही हाल ननद का भी है । उसकी भौंहें हमेशा चढ़ी रहती हैं । जेठानी भी कम नहीं है । मैं उसकी बेध देनेवाली बातों से अहर्निश संतप्त होती रहूँगी । सो, मैं तुम्हारा साथ नहीं चाहती । इस प्रेम के फंदे में नाहक कौन पड़े? तुम्हारी आँखें बड़ी-बड़ी हैं । मेरी आँखें अगर उनसे लग गईं, तो फिर मैं क्या करूँगी? इस छंद में वैसे तो कुछ नहीं है, पर 'बड़ी आँखें तिहारी लगैं ए लला, लगि जैहौं कहूँ तो कहा करबी' यह उक्ति निःसंदेह असाधारण है, जिसे कोई महाकवि ही पा सकता है । छद इस तरह है—

खरी सासु घरी न छमा करिहै निसिबासर त्रासनहीं मरबी ।
सदा भौंहें चढ़ाएँ रहै ननदी यों जेठानी की तीखी सुनें जरबी ।
कबि बोधा न संग तिहारो चहैं यह नाहक नेहफँदा परबी ।
बड़ी आँखें तिहारी लगैं ए लला, लगि जैहैं कहूँ तौ कहा करबी ।।

लेकिन अगले छंद की गोपिका दुस्साहसी है । वह कहती है कि सभी सखियों की सीख की उपेक्षा कर मुझे अपने कुल की लज्जा को प्रेम की धारा में बहाना ही है, उन पर लट्टू होकर उनके हृदय से लिपटना ही है और उनके हाथों से वंशी छुड़ानी ही है, तथा मुझे जलनेवालियों के उपहास को सहकर वृंदावन के कुंजों में जाना ही है । लाज से काम बननेवाला नहीं है, जब कि ब्रजराज से मुझे अपना काम बनाना

ही है–

छाड़ि सखीन की सीख सबै कुलकानि निगोड़ी बहाइबे ही है ।
ह्वैवै कै लटू लपटाइ हिये हरिहाथ तें बंसी छुराइबे ही है ।
बोधा जरैलिन के उपहास अँगेजिकै कुंजनि जाइबे ही है ।
लाज सों काज कहा बनिहै ब्रजराज सों काज बनाइबे ही है ।।

स्पष्ट है कि रीतिकाव्य की गोपिकाएँ भी भिन्न-भिन्न स्वभाव और चरित्र की हैं, यानी वे एक साँचे में ढली हुई नहीं हैं । रीतिकवियों के बारे में कहा गया है कि उनमें व्यक्तिगत विशेषता नहीं है । यह ठीक है कि हम उनकी कविता में कबीर, जायसी, सूर और तुलसी वाला वैशिष्ट्य नहीं पाते, तथापि ध्यान देने पर मतिराम, बिहारी, देव, पद्माकर, घनानंद आदि की व्यक्तिगत विशेषताएँ छिपी नहीं रहतीं ।

एक छंद में एक गोपिका अपने हृदय को यह कह-कहकर धीरज बँधाती है कि कभी न कभी तो उनसे मिलन होगा ही । उसके भीतर से यह उल्लास उठता है, लेकिन गले तक पहुँचते-पहुँचते लौट जाता है और मन में ही ठंढा पड़ जाता है । कभी ऐसा नहीं होता कि कामना पूरी हो । रोज मेरी दशा ऐसी हो जाती है, जैसे गले का हार खो गया हो, यानी रोज मन ऐसा हो जाता है, जैसे कोई मूल्यवान् वस्तु खो गई हो । ऐसी स्थिति में क्या किया जा सकता है? न इस पीड़ा को कहते बनता है, न सहते । यह तो मन को पीड़ित करती ही रहेगी । इस तरह यह अमिट है । कहने के लिए तो इस छंद में भी कोई चमत्कार नहीं है, पर मन की 'सरल' दशा की अभिव्यक्ति ही इसकी पूँजी है, जो शायद कवियों की सबसे बड़ी पूँजी है, क्योंकि उनका आवेश असाधारण स्तर पर बहुत कम देर के लिए टिकता है और वे साधारण भूमि पर रहकर भी कविता न लिख सकें, तो उनके कवि होने में संदेह बना रहेगा । प्रस्तुत छंद देखिए, जो अपनी सरलता से मन मोह लेता है । इसमें 'नित ही हरवा सो हिरैबो करै' एक विलक्षण उक्ति है, दबी हुई चीख से भरी हुई, जिसे कोई भी सहृदय पाठक महसूस कर सकता है । छंद है–

कबहूँ मिलिबो कबहूँ मिलिबो यह धीरज ही में धरैबो करै ।
उर तें कढ़ि आवे गरे तें फिरै मन की मन ही में सिरैबो करै ।
कवि बोधा न चाड़ सरी कबहूँ नित ही हरवा सो हिरैबो करै ।
सहते ही बनै कहते न बनै मनहीं मन पीर पिरैबो करै ।।